대한민국 법령 시리즈 362

인삼산업법

법령

시행령

시행규칙

해광출판사

머리말

이 책은 방대한 법전을 보지 않고 간편하게 해당되는 법령만 참고해서 볼 수 있도록 하였습니다. 공공기관이나 관련 종사자들이 쉽고 간편하게 해당 법령을 참조 할 수 있도록 하였습니다.

특히 해당법률은 물론 관련 시행령, 시행규칙을 함께 실어 관련법을 서로 참고할 수 있게 하였습니다.

법률이라는 것이 크든 작든 항상 변하는 관계로, 출간 이후의 정확하고 최신의 법률은 법제처 국가법령정보센터에서 확인이 가능하니 법률의 실제 적용 시 확인이 필요한 점 유의하기를 바랍니다.

편집부

* 수록 법률은 법제처 국가법령정보센터에서 확인 가능합니다.
* 발행일 기준 시행 법률이므로 최신 법령은 위 센터에서 볼 수 있습니다.
* 본 책자에 수록된 법률의 문구에 대하여 법적인 효력은 없으며,
  실제 적용 법률은 위 센터에서 최신의 법률로 확인하시기 바랍니다.
* 해당 법령과 함께 시행령, 시행규칙도 수록되어 있습니다.
* 발행일 기준으로 개정 예정 법률은 밑줄로 별도 표시되어 있으며,
  보다 정확한 것은 법제처에서 확인하기 바랍니다.

목차

**개정 예정 법률 밑줄 별도 표시.

인삼산업법

[시행 2023. 12. 21.] [법률 제19490호, 2023. 6. 20., 일부개정]

제1장 총칙 <개정 2011. 7. 25.>

제1조(목적) 이 법은 인삼 및 인삼류의 경작·제조·검사 등에 필요한 사항을 규정함으로써 인삼을 특산물로 보호·육성하고 인삼산업의 건전한 발전에 이바지함을 목적으로 한다.

[전문개정 2011. 7. 25.]

제2조(정의) 이 법에서 사용하는 용어의 뜻은 다음과 같다. <개정 2013. 3. 23., 2017. 4. 18.>

1. "인삼"이란 오갈피나무과(科) 인삼속(人蔘屬) 식물을 말한다.
2. "수삼"(水蔘)이란 말리지 아니한 인삼을 말한다.
3. "홍삼"(紅蔘)이란 수삼을 증기나 그 밖의 방법으로 쪄서 익혀 말린 것으로서 농림축산식품부령으로 정하는 색상을 띠는 것을 말한다.
4. "태극삼"(太極蔘)이란 수삼을 물로 익히거나 그 밖의 방법으로 익혀서 말린 것으로서 농림축산식품부령으로 정하는 색상을 띠는 것을 말한다.
5. "백삼"(白蔘)이란 수삼을 햇볕·열풍 또는 그 밖의 방법으로 익히지 아니하고 말린 것을 말한다.
6. "그 밖의 인삼"이란 수삼을 원료로 하여 제조한 것(제3호부터

제5호까지에 해당하는 것은 제외한다)으로서 농림축산식품부령으로 정하는 것을 말한다.

7. "인삼류"란 제2호부터 제6호까지에 규정된 것 모두를 말한다.

8. "연근"(年根)이란 인삼이 출아(出芽)하여 자란 햇수를 말한다.

9. "원산지"란 인삼이 생산된 국가나 지역을 말한다.

10. "인삼류제조"란 수삼을 원료로 하여 홍삼, 태극삼, 백삼 또는 그 밖의 인삼을 제조하는 것을 말한다.

11. "인삼제품류"란 「식품위생법」 제14조에 따른 식품등의 공전(公典) 또는 「건강기능식품에 관한 법률」 제19조에 따른 건강기능식품의 공전에 수록된 식품 중 인삼류를 원료로 하여 제조·가공된 식품을 말한다.

12. "생산자단체"란 「농업협동조합법」에 따른 인삼 관련 품목조합(이하 "조합"이라 한다), 농업협동조합중앙회 및 농림축산식품부령으로 정하는 인삼 관련 법인을 말한다.

13. "인삼산업"이란 인삼류 및 인삼제품류의 생산·가공·제조·유통·판매 또는 수출과 관련된 산업을 말한다.

[전문개정 2011. 7. 25.]

제3조(인삼산업 종합계획의 마련) ① 농림축산식품부장관은 인삼산업의 발전과 지원을 위하여 대통령령으로 정하는 바에 따라 5년마다 종합계획(이하 "종합계획"이라 한다)을 수립·시행하여야 한다. 〈개정 2013. 3. 23., 2014. 3. 11., 2017. 4. 18.〉

② 종합계획에는 다음 각 호의 사항이 포함되어야 한다. 〈신설 2017. 4. 18.〉

1. 인삼산업 발전 및 지원을 위한 중장기 정책목표 및 기본방향

2. 인삼산업 발전을 위한 기술의 연구·개발 및 보급에 관한 사항

3. 인삼산업 발전을 위한 전문인력의 양성 및 교육

4. 인삼류 및 인삼제품류의 생산성 향상 및 가격안정에 관한 사항

5. 인삼류 및 인삼제품류의 유통·수출·판로지원에 관한 사항

6. 품질검사 등 인삼류 검사의 개선에 관한 사항

7. 인삼산업과 다른 산업 간의 연계 강화에 관한 사항

8. 그 밖에 농림축산식품부장관이 인삼산업의 발전을 위하여 필요하다고 인정하는 사항

③ 농림축산식품부장관은 생산자단체 및 농림축산식품부령으로 정하는 연구기관으로 하여금 인삼의 우량 종묘 개발 보급, 경작 및 검사기술의 개발·보급, 재배에 적합한 땅의 조사 및 인삼제품류의 개발 등에 관한 사업을 하게 할 수 있다. 〈개정 2013. 3. 23., 2017. 4. 18.〉

④ 국가 또는 지방자치단체는 예산의 범위에서 제1항 및 제3항에 따른 시책 또는 사업의 시행에 필요한 사업비를 보조하거나 융자할 수 있다. 〈개정 2017. 4. 18.〉

[전문개정 2011. 7. 25.]

[제목개정 2014. 3. 11.]

제3조의2(다른 법률과의 관계) ①「임업 및 산촌 진흥촉진에 관한 법률」 제2조제3호의2에 따른 특별관리임산물인 산양삼에 관하여 같은 법에서 규정한 사항에 대하여는 이 법을 적용하지 아니한다. 〈개정

2015. 6. 22.〉

② 「약사법」 제31조 또는 같은 법 제42조에 따라 식품의약품안전처장의 품목허가를 받거나 품목신고를 한 인삼류에 관해서는 이 법을 적용하지 아니한다. 〈신설 2015. 6. 22.〉

[본조신설 2011. 7. 25.]

제2장 인삼 경작 및 수확 〈개정 2011. 7. 25.〉

제4조(경작신고) ① 판매를 목적으로 인삼을 경작[수경재배(水耕栽培)는 제외한다]하려는 자는 농림축산식품부령으로 정하는 바에 따라 경작지를 관할하는 조합에 신고하여야 한다. 신고사항 중 농림축산식품부령으로 정하는 중요 사항을 변경하려는 경우에도 같다. 〈개정 2013. 3. 23., 2014. 3. 11., 2017. 4. 18., 2023. 6. 20.〉

② 다음 각 호의 어느 하나에 해당하는 자는 농림축산식품부령으로 정하는 바에 따라 경작지를 관할하는 조합에 상속·양수 또는 합병의 신고를 하여야 한다. 〈개정 2013. 3. 23., 2014. 3. 11., 2023. 6. 20.〉

1. 제1항에 따라 신고를 한 경작지를 상속하거나 양수한 자
2. 제1항에 따라 신고를 한 경작자가 법인인 경우 그 법인의 합병 후 존속하는 법인이나 합병으로 설립된 법인

③ 조합은 제1항 전단에 따른 신고를 받은 날부터 2개월 이내에, 같은 항 후단에 따른 변경신고 또는 제2항에 따른 신고를 받은 날부터 10일 이내에 신고수리 여부를 신고인에게 통지하여야 한다. 〈신설 2021. 11. 30., 2023. 6. 20.〉

④ 조합이 제3항에서 정한 기간 내에 신고수리 여부 또는 민원처리 관련 법령에 따른 처리기간의 연장을 신고인에게 통지하지 아니하면 그 기간(민원 처리 관련 법령에 따라 처리기간이 연장 또는 재연장된 경우에는 해당 처리기간을 말한다)이 끝난 날의 다음 날에 신고를 수리한 것으로 본다. 〈신설 2021. 11. 30., 2023. 6. 20.〉

⑤ 조합은 제1항 및 제2항에 따른 경작신고내용을 반기별로 농림축산식품부장관에게 알려야 한다. 〈신설 2014. 3. 11., 2021. 11. 30., 2023. 6. 20.〉

⑥ 농림축산식품부장관은 제5항에 따라 조합이 알린 경작신고내용을 「농수산자조금의 조성 및 운영에 관한 법률」 제2조제3호에 따른 자조금단체 중 인삼 관련 자조금단체(이하 "인삼자조금단체"라 한다)에 제공할 수 있다. 〈신설 2023. 6. 20.〉

⑦ 제6항에 따라 인삼자조금단체에 제공하는 경작신고내용의 범위와 절차 등에 필요한 사항은 농림축산식품부령으로 정한다. 〈신설 2023. 6. 20.〉

⑧ 인삼자조금단체는 제6항에 따라 제공받은 경작신고내용을 「개인정보 보호법」에 따라 보호하여야 한다. 〈신설 2023. 6. 20.〉

[전문개정 2011. 7. 25.]

제5조 삭제 〈1999. 1. 21.〉

제6조 삭제 〈1999. 1. 21.〉

제7조 삭제 〈1999. 1. 21.〉

제8조(경작방법 및 지도 등) ① 농촌진흥청장은 인삼경작자의 소득증진과 인삼류의 품질 향상을 위하여 생산자단체와 협의하여 표준인

삼경작방법을 정하여 고시할 수 있다.

② 농촌진흥청장, 특별자치시장ㆍ특별자치도지사ㆍ시장ㆍ군수ㆍ구청장(자치구의 구청장을 말한다) 및 조합은 인삼경작자에게 제1항에 따른 경작방법에 따라 경작하도록 지도할 수 있다. 〈개정 2014. 3. 11., 2023. 6. 20.〉

③ 인삼경작자는 인삼을 경작할 때 농림축산식품부령으로 정하는 잔류성농약 및 화학비료를 사용하여서는 아니 된다. 다만, 수경재배(水耕栽培) 등 농림축산식품부장관이 정하여 고시하는 방법으로 경작하는 경우에는 농림축산식품부장관이 정하여 고시하는 화학비료를 사용할 수 있다. 〈개정 2013. 3. 23.〉

[전문개정 2011. 7. 25.]

제9조(수삼의 연근확인) ① 인삼경작자가 5년근 이상의 수삼을 수확하려는 경우에는 농림축산식품부령으로 정하는 바에 따라 조합에 연근의 확인을 신청할 수 있다. 〈개정 2013. 3. 23.〉

② 조합은 제1항에 따른 신청을 받으면 검사담당 직원으로 하여금 수확에 참여하여 수삼의 연근을 확인하도록 하여야 한다.

③ 제1항 및 제2항에 따른 연근확인의 방법과 절차 및 검사담당 직원의 자격요건 등 연근확인에 필요한 사항은 농림축산식품부령으로 정한다. 〈개정 2013. 3. 23.〉

[전문개정 2011. 7. 25.]

제3장 계약경작 및 수급조절 〈개정 2011. 7. 25.〉

제10조(계약경작 등) ① 농림축산식품부장관은 수삼의 수급조절(需給

調節) 및 가격안정을 위하여 다음 각 호의 계약경작을 권장 및 알선할 수 있다. 〈개정 2013. 3. 23.〉

1. 인삼경작자와 생산자단체 사이의 계약경작
2. 인삼경작자와 인삼 제조업자 · 가공업자 사이의 계약경작

② 농림축산식품부장관은 제1항에 따른 계약경작의 확대 등을 위하여 해당 계약자에게 제3조제4항에 따른 사업비를 우선적으로 지원할 수 있다. 〈개정 2013. 3. 23., 2017. 4. 18.〉

③ 제1항 및 제2항에 따른 계약경작의 권장 · 알선과 사업비의 우선 지원에 필요한 사항은 농림축산식품부령으로 정한다. 〈개정 2013. 3. 23.〉

[전문개정 2011. 7. 25.]

제11조(수매 비축 및 출하조절 등) 농림축산식품부장관은 인삼류의 가격안정을 위하여 필요하다고 인정할 때에는 생산자단체로 하여금 인삼류를 수매하여 비축(備蓄) · 방출하게 할 수 있다. 〈개정 2013. 3. 23.〉

[전문개정 2011. 7. 25.]

제4장 인삼류 등의 제조 〈개정 2011. 7. 25.〉

제12조(인삼류제조업 및 인삼제품류 제조의 신고 등) ① 인삼류제조를 업(業)으로 하려는 자는 농림축산식품부령으로 정하는 바에 따라 제조장(製造場)을 관할하는 시장(특별자치시장 및 특별자치도지사를 포함한다), 군수 또는 자치구의 구청장(이하 "시장 · 군수"라 한다)에게 신고하여야 한다. 다만, 인삼경작자가 자기가 생산한 수삼을 원

료로 하여 자가제조(自家製造)한 홍삼, 태극삼, 백삼 또는 그 밖의 인삼을 수출 또는 도매의 목적으로 수집하는 자(이하 “수집자”라 한다)에게 판매하는 경우에는 신고하지 아니할 수 있다. 〈개정 2013. 3. 23., 2017. 4. 18.〉

② 제1항에 따라 홍삼, 태극삼 또는 그 밖의 인삼의 제조업 신고를 하려는 자는 농림축산식품부령으로 정하는 시설기준을 갖추어야 한다. 〈개정 2013. 3. 23.〉

③ 제1항에 따라 신고를 한 자(이하 “인삼류제조업자”라 한다)는 그 신고 사항 중 시설의 임대 등 대통령령으로 정하는 중요 사항을 변경하였을 때 또는 그 영업을 휴업하거나 휴업한 영업을 재개하였을 때에는 그 사유가 발생한 날부터 20일 이내에 시장·군수에게 신고하여야 한다.

④ 시장·군수는 제1항 본문 또는 제3항에 따른 신고를 받은 날부터 10일 이내에 신고수리 여부를 신고인에게 통지하여야 한다. 〈신설 2021. 11. 30.〉

⑤ 시장·군수가 제4항에서 정한 기간 내에 신고수리 여부 또는 민원 처리 관련 법령에 따른 처리기간의 연장을 신고인에게 통지하지 아니하면 그 기간(민원 처리 관련 법령에 따라 처리기간이 연장 또는 재연장된 경우에는 해당 처리기간을 말한다)이 끝난 날의 다음 날에 신고를 수리한 것으로 본다. 〈신설 2021. 11. 30.〉

⑥ 인삼류제조업자는 인삼류를 제조하고 남은 부산물을 원료로 하여 인삼제품류 중 대통령령으로 정하는 품목을 제조·가공하려는 경우에는 시장·군수에게 신고할 수 있다. 이 경우 「식품위생법」 제37

조에 따른 식품의 제조·가공에 관한 영업의 신고를 한 것으로 본다. 〈개정 2021. 11. 30.〉

⑦ 제6항에 따른 신고를 하려는 인삼류제조업자는 「식품위생법」 제36조제1항제1호에 따른 시설기준에 적합한 시설을 갖추어야 한다. 〈개정 2021. 11. 30.〉

⑧ 시장·군수는 제6항에 따른 신고를 받았을 때에는 지체 없이 「식품위생법」 제37조에 따른 식품의 제조·가공에 관한 영업신고의 소관 행정기관의 장에게 그 내용을 통보하여야 한다. 〈개정 2021. 11. 30.〉

⑨ 시장·군수는 인삼류제조업자가 「부가가치세법」 제8조에 따라 관할 세무서장에게 폐업신고를 하거나 관할 세무서장이 사업자등록을 말소한 경우에는 신고 사항을 직권으로 말소할 수 있다. 〈개정 2018. 12. 31., 2021. 11. 30.〉

⑩ 시장·군수는 인삼류제조업자가 그 영업을 폐업하였는지를 확인하기 위하여 필요하면 관할 세무서장에게 필요한 자료의 제공을 요청할 수 있다. 이 경우 자료의 제공을 요청받은 관할 세무서장은 정당한 사유 없이 거부하여서는 아니 된다. 〈개정 2021. 11. 30.〉

⑪ 제10항에 따라 시장·군수에게 제공되는 자료에 대하여는 수수료나 사용료 등을 면제한다. 〈개정 2021. 11. 30.〉

[전문개정 2011. 7. 25.]

제13조 삭제 〈1999. 1. 21.〉

제14조(영업자의 지위승계 등) ① 다음 각 호의 어느 하나에 해당하는 자는 인삼류제조업자의 지위를 승계한다.

1. 인삼류제조업자가 사망한 경우 그 상속인

2. 인삼류제조업자가 영업을 양도한 경우 그 양수인

3. 법인인 인삼류제조업자가 합병한 경우 합병 후 존속하는 법인이나 합병으로 설립되는 법인

② 제1항에 따라 인삼류제조업자의 지위를 승계한 자는 농림축산식품부령으로 정하는 바에 따라 승계한 날부터 20일 이내에 시장·군수에게 신고하여야 한다. 이 경우 제12조제6항에서 규정하는 인삼제품류의 제조·가공을 승계하려는 경우에는 함께 신고할 수 있다. 〈개정 2013. 3. 23., 2021. 11. 30.〉

③ 시장·군수는 제2항에 따른 신고를 받은 날부터 10일 이내에 신고수리 여부를 신고인에게 통지하여야 한다. 〈신설 2021. 11. 30.〉

④ 시장·군수가 제3항에서 정한 기간 내에 신고수리 여부 또는 민원 처리 관련 법령에 따른 처리기간의 연장을 신고인에게 통지하지 아니하면 그 기간(민원 처리 관련 법령에 따라 처리기간이 연장 또는 재연장된 경우에는 해당 처리기간을 말한다)이 끝난 날의 다음 날에 신고를 수리한 것으로 본다. 〈신설 2021. 11. 30.〉

⑤ 제2항에 따라 인삼제품류 제조의 승계를 함께 신고한 자는 「식품위생법」 제39조제3항에 따른 영업의 승계에 관한 신고를 한 것으로 본다. 이 경우 시장·군수는 지체 없이 관계 행정기관의 장에게 그 신고내용을 통보하여야 한다. 〈개정 2021. 11. 30.〉

[전문개정 2011. 7. 25.]

제15조(인삼류의 제조기준 등) ① 인삼류를 제조하는 자는 홍삼, 태극삼, 백삼 또는 그 밖의 인삼을 연근별로 구분하여 제조하고 해당

제품이나 그 용기·포장 등에 해당 연근 및 원산지를 표시하여야 한다. 이 경우 원산지의 표시방법 및 판정기준 등에 필요한 사항은 대통령령으로 정한다.

② 인삼류를 제조하는 자는 농림축산식품부령으로 정하는 제조기준을 준수하여야 한다. 〈개정 2013. 3. 23.〉

③ 농림축산식품부장관은 인삼류의 안전성 확보 및 소비자 보호를 위하여 국립농산물검사기관의 장 또는 제17조제1항에 따른 인삼류 검사기관의 장으로 하여금 인삼류를 제조하는 자에게 제1항 및 제2항의 규정 준수에 관한 자료를 제출·보고하게 하거나 관계 직원을 제조업소에 출입시켜 제1항 및 제2항의 규정을 준수하는지를 확인하게 할 수 있다. 〈개정 2013. 3. 23.〉

④ 제3항의 경우 관계 직원은 그 권한을 표시하는 증표를 지니고 이를 관계인에게 보여주어야 한다.

[전문개정 2011. 7. 25.]

제16조(영업폐쇄 등) ① 시장·군수는 인삼류제조와 관련하여 인삼류제조업자가 다음 각 호의 어느 하나에 해당할 때에는 영업의 폐쇄를 명하거나 6개월 이내의 기간을 정하여 그 영업의 전부 또는 일부의 정지를 명할 수 있다. 다만, 제4호에 해당할 때에는 영업폐쇄를 명하여야 한다.

1. 제12조제2항에 따른 시설기준에 미달하게 되었을 때
2. 제15조제1항에 따른 제조방법을 위반하거나 연근 또는 원산지를 표시하지 아니하거나 거짓으로 표시하였을 때
3. 제15조제2항에 따른 제조기준을 위반하였을 때

4. 이 조에 따른 영업정지명령을 위반하여 영업정지기간에 영업을 하였을 때

② 제1항에 따라 영업의 폐쇄명령을 받은 후 1년이 지나지 아니한 자(법인의 경우에는 그 대표자 또는 임원을 포함한다)는 제12조제1항에 따른 인삼류제조업의 신고를 할 수 없다.

③ 제1항에 따른 영업의 폐쇄명령·정지처분의 세부기준은 농림축산식품부령으로 정한다. 〈개정 2013. 3. 23.〉

[전문개정 2011. 7. 25.]

제5장 검사 및 수출입 등 〈개정 2011. 7. 25.〉

제17조(검사) ① 다음 각 호의 어느 하나에 해당하는 자는 농림축산식품부령으로 정하는 바에 따라 자체검사를 하거나 농림축산식품부장관이 정하여 고시하는 인삼류검사기관(이하 "인삼류검사기관"이라 한다)의 검사를 받아야 한다. 다만, 제12조제1항 단서에 따른 자가제조를 하는 경우와 그 밖에 대통령령으로 정하는 경우에는 검사를 받지 아니할 수 있다. 〈개정 2013. 3. 23.〉

1. 홍삼, 태극삼, 백삼 또는 그 밖의 인삼을 판매 또는 수출의 목적으로 제조한 자

2. 제12조제1항 단서에 따라 자가제조한 홍삼, 태극삼, 백삼 또는 그 밖의 인삼을 수출 또는 도매의 목적으로 수집한 수집자

3. 홍삼, 태극삼, 백삼 또는 그 밖의 인삼을 판매의 목적으로 수입한 자

② 인삼류검사기관과 제17조의2제2항에 따른 자체검사업체는 그

검사실적을 검사기록서에 기록하여 농림축산식품부령으로 정하는 품질보증기간 동안 보존하여야 한다. 〈개정 2013. 3. 23.〉

③ 제1항에 따른 검사는 연근검사 · 품질검사 · 포장검사 및 표시검사 등으로 구분하여 하되, 그 검사의 기준 · 방법 및 품질보증기간, 그 밖에 검사에 필요한 사항은 농림축산식품부령으로 정한다. 〈개정 2013. 3. 23.〉

④ 제1항에 따른 검사에 합격한 제품에 대하여는 농림축산식품부령으로 정하는 바에 따라 그 포장 등에 자체검사필증 또는 검사증지를 붙이거나 인쇄하여야 한다. 다만, 수출용 인삼류의 경우에는 자체검사필증 또는 검사증지를 붙이지 아니할 수 있다. 〈개정 2013. 3. 23.〉

⑤ 인삼류검사기관과 제17조의2제2항에 따른 자체검사업체는 검사수량과 검사성적서 등 농림축산식품부령으로 정하는 사항을 국립농산물검사기관의 장에게 제출하여야 한다. 〈개정 2013. 3. 23.〉

⑥ 인삼의 종자 또는 종묘를 생산하거나 수집하는 자는 농림축산식품부령으로 정하는 바에 따라 농림축산식품부장관이 정하여 고시하는 인삼종자 · 종묘검사기관으로부터 그 품질에 관한 검사를 받을 수 있다. 〈개정 2013. 3. 23.〉

⑦ 제1항 및 제6항에 따라 인삼류검사기관 또는 인삼종자 · 종묘검사기관의 검사를 받으려는 자는 농림축산식품부령으로 정하는 바에 따라 수수료를 검사기관에 내야 한다. 〈개정 2013. 3. 23.〉

[전문개정 2011. 7. 25.]

제17조의2(자체검사업체의 지정 등) ① 제17조제1항에 따라 자체검

사를 하려는 자는 대통령령으로 정하는 시설·인력 및 자가제조하여 검사를 받은 실적과 제조관리기준서 등을 갖추어 국립농산물검사기관의 장으로부터 홍삼, 태극삼, 백삼 또는 그 밖의 인삼 등 인삼의 종류별 자체검사업체로 지정받아야 한다.

② 제1항에 따라 자체검사업체로 지정받은 자(이하 "자체검사업체"라 한다)는 수삼을 원료로 하여 자신이 직접 제조한 홍삼, 태극삼, 백삼 또는 그 밖의 인삼에 대하여는 자체검사를 할 수 있다. 다만, 수출용인 경우에는 자신이 직접 제조하지 아니한 홍삼, 태극삼, 백삼 또는 그 밖의 인삼에 대하여는 자가상표(自家商標)를 붙이고 자체검사를 할 수 있다.

③ 자체검사업체는 지정받은 시설이나 인력 등이 변경되는 경우 그 변경 사유가 발생한 날부터 1개월 이내에 국립농산물검사기관의 장에게 신고하여야 한다.

④ 국립농산물검사기관의 장은 제3항에 따른 신고를 받은 날부터 10일 이내에 신고수리 여부를 신고인에게 통지하여야 한다. 〈신설 2021. 11. 30.〉

⑤ 국립농산물검사기관의 장이 제4항에서 정한 기간 내에 신고수리 여부 또는 민원 처리 관련 법령에 따른 처리기간의 연장을 신고인에게 통지하지 아니하면 그 기간(민원 처리 관련 법령에 따라 처리기간이 연장 또는 재연장된 경우에는 해당 처리기간을 말한다)이 끝난 날의 다음 날에 신고를 수리한 것으로 본다. 〈신설 2021. 11. 30.〉

⑥ 제1항 및 제3항에 따른 자체검사업체의 지정절차 및 변경신고

등에 필요한 사항은 농림축산식품부령으로 정한다. 〈개정 2013. 3. 23., 2021. 11. 30.〉

[전문개정 2011. 7. 25.]

제17조의3(자체검사업체 지정취소 등) ① 국립농산물검사기관의 장은 자체검사업체가 다음 각 호의 어느 하나에 해당하는 경우에는 그 시정을 명하거나 6개월 이내의 검사정지를 명하거나 지정을 취소할 수 있다. 다만, 제6호의 경우에는 지정을 취소하여야 한다.

1. 제17조제1항을 위반하여 자체검사를 하지 아니하거나 인삼류 검사기관의 검사를 받지 아니하고 인삼류를 판매하거나 판매할 목적으로 보관 또는 진열한 경우

2. 제17조제3항을 위반하여 검사의 기준에 미달하는 인삼류를 합격품으로 검사한 경우

3. 제17조제4항 본문을 위반하여 자체검사필증 또는 검사증지를 붙이지 아니하거나 인쇄하지 아니하고 인삼류를 판매한 경우

4. 제17조의2제2항을 위반하여 자신이 직접 제조하지 아니한 홍삼, 태극삼, 백삼 또는 그 밖의 인삼에 대하여 자체검사를 한 경우. 다만, 수출용으로서 자가상표를 붙여 자체검사를 한 경우는 제외한다.

5. 이 조에 따른 시정명령을 위반한 경우

6. 이 조에 따른 검사정지명령을 위반하여 검사정지기간에 검사를 한 경우

② 제1항에 따라 자체검사업체의 지정이 취소된 후 2년이 지나지 아니한 자(법인의 경우에는 그 대표자 또는 임원을 포함한다)는 제

17조의2제1항에 따른 자체검사업체로 지정받을 수 없다.

③ 제1항에 따른 자체검사업체에 대한 시정명령·검사정지 또는 지정취소의 세부기준은 농림축산식품부령으로 정한다. 〈개정 2013. 3. 23.〉

[전문개정 2011. 7. 25.]

제17조의4(검사합격품에 대한 확인검사) ① 국립농산물검사기관의 장은 인삼류의 품질관리를 위하여 필요하다고 인정할 때에는 제17조제1항에 따른 검사에 합격한 제품에 대하여 확인검사를 할 수 있다.

② 국립농산물검사기관의 장은 제1항에 따른 확인검사 결과 해당 제품이 제17조제3항에 따른 검사의 기준에 미달되는 때에는 농림축산식품부령으로 정하는 바에 따라 제17조제1항 각 호의 어느 하나에 해당하는 자에게 해당 제품과 검사일이 같은 제품의 수거·폐기 또는 재검사를 명할 수 있고, 이에 따르지 아니하는 경우에는 소속 공무원으로 하여금 그 제품을 압류하게 할 수 있다. 이 경우 압류의 절차 등에 필요한 사항은 농림축산식품부령으로 정한다. 〈개정 2013. 3. 23.〉

③ 제2항에 따라 압류를 하려는 소속 공무원은 그 권한을 표시하는 증표를 지니고 이를 관계인에게 보여주어야 한다.

[전문개정 2011. 7. 25.]

제17조의5(검사원의 자격 등) ① 인삼류검사기관 및 자체검사업체는 제3항에 따른 교육을 받은 검사원으로 하여금 제17조제1항에 따른 검사를 하도록 하여야 한다.

② 제1항에 따른 검사원은 인삼의 품질관리에 관한 지식이나 경험이 있는 사람으로서 대통령령으로 정하는 자격을 갖추어야 한다.

③ 제2항에 따른 검사원은 국립농산물검사기관의 장이 인삼류의 품질관리를 위하여 실시하는 교육을 받아야 한다.

④ 제3항에 따른 교육의 내용·시간과 소요 경비의 징수 등에 필요한 사항은 농림축산식품부령으로 정한다. 〈개정 2013. 3. 23.〉

[전문개정 2011. 7. 25.]

제17조의6(검사결과에 대한 이의신청 등) ① 제17조제1항 및 제6항에 따라 인삼류검사기관 또는 인삼종자·종묘검사기관의 검사를 받은 자가 검사결과에 대하여 이의가 있을 때에는 검사를 한 검사기관의 장에게 이의를 신청하고 재검사를 받을 수 있다.

② 제1항에 따른 이의신청 및 재검사 절차 등에 필요한 사항은 농림축산식품부령으로 정한다. 〈개정 2013. 3. 23.〉

[전문개정 2011. 7. 25.]

제18조 삭제 〈2009. 6. 9.〉

제19조(미검사품의 거래제한 등) ① 홍삼, 태극삼, 백삼 또는 그 밖의 인삼을 판매하는 자는 제15조제1항에 따른 연근표시를 제거 또는 변경하여 판매하거나 판매의 목적으로 보관 또는 진열하여서는 아니 된다.

② 제17조제1항에 따른 검사를 받지 아니하였거나 검사에 불합격된 홍삼, 태극삼, 백삼 또는 그 밖의 인삼은 판매 또는 수출하거나 판매의 목적으로 보관 또는 진열하여서는 아니 된다.

③ 국립농산물검사기관의 장은 제17조제1항에 따른 검사를 받지

아니하였거나 검사에 불합격된 홍삼, 태극삼, 백삼 또는 그 밖의 인삼을 판매·수출의 목적으로 보관 또는 진열 중인 것을 적발하였을 때에는 소속 공무원으로 하여금 해당 제품을 압류하게 하거나 제17조제1항 각 호의 어느 하나에 해당하는 자에게 해당 제품의 검사를 받도록 명할 수 있다.

④ 홍삼, 태극삼, 백삼 또는 그 밖의 인삼을 판매하는 자는 제17조제4항 본문에 따른 자체검사필증 또는 검사증지를 붙이거나 인쇄한 검사품의 포장을 뜯어 판매의 목적으로 보관 또는 진열하거나 그 내용물이나 포장단위를 변경하여서는 아니 된다.

⑤ 제3항에 따른 압류의 절차 등에 관하여는 제17조의4제2항 및 제3항을 준용한다.

[전문개정 2011. 7. 25.]

제20조(인삼류 시장접근물량 수입추천) ① 삭제 〈1999. 1. 21.〉

② 「세계무역기구 설립을 위한 마라케쉬협정」에 따른 대한민국 양허표(讓許表)상의 시장접근물량에 해당하는 인삼류를 양허세율(讓許稅率)로 수입하려는 자는 농림축산식품부장관의 추천을 받아야 한다. 〈개정 2011. 7. 25., 2013. 3. 23.〉

③ 제2항에 따라 인삼류를 수입하는 자는 수입가격과 판매가격의 차액의 범위에서 농림축산식품부령으로 정하는 금액을 「농수산물유통 및 가격안정에 관한 법률」 제54조에 따른 농산물가격안정기금에 납부하여야 한다. 〈개정 2011. 7. 25., 2013. 3. 23.〉

[제목개정 2011. 7. 25.]

제20조의2(수출 촉진 등) ① 국가 또는 지방자치단체는 인삼산업의

국제화와 인삼류 및 인삼제품류의 수출을 촉진하기 위하여 국제인삼유통센터를 설치·운영하거나 이를 설치·운영하려는 자에게 필요한 지원을 할 수 있다.

② 국가 또는 지방자치단체는 인삼산업의 국제화와 인삼류 및 인삼제품류의 수출을 촉진하기 위하여 다음 각 호의 사업을 추진할 수 있다.

1. 인삼산업과 관련한 정보·기술·인력의 국제교류
2. 인삼산업과 관련한 국제학술대회·국제박람회 등의 개최
3. 국제 인삼산업 시장의 조사·분석과 수집 정보의 체계적인 제공
4. 인삼산업의 해외진출에 관한 컨설팅 지원
5. 그 밖에 인삼산업의 국제화 및 수출 촉진을 위하여 필요하다고 인정하는 사업

③ 제1항에 따른 국제인삼유통센터의 설치 및 운영에 관하여 필요한 사항은 농림축산식품부령으로 정한다. 〈개정 2013. 3. 23.〉

제20조의3(통계조사) ① 농림축산식품부장관은 인삼산업의 진흥에 필요한 정책을 효율적으로 수립하기 위하여 인삼산업과 관련된 생산·유통·소비 등에 관하여 통계조사를 실시할 수 있으며, 그 결과를 인삼자조금단체에 제공할 수 있다. 이 경우 통계의 작성에 관하여는 「통계법」의 관련 규정을 준용한다. 〈개정 2023. 6. 20.〉

② 농림축산식품부장관은 통계조사에 필요하다고 인정하는 때에는 관계 중앙행정기관의 장, 지방자치단체의 장, 「공공기관의 운영에 관한 법률」 제4조에 따른 공공기관의 장, 관련 산업의 사업자에게 필요한 자료·정보의 제공을 요청할 수 있다. 이 경우 자료·정보의

제공을 요청받은 관계 중앙행정기관의 장 등은 특별한 사유가 없으면 자료·정보를 제공하여야 한다.

③ 제1항에 따른 통계조사의 실시에 필요한 사항은 농림축산식품부령으로 정한다.

[본조신설 2014. 3. 11.]

제20조의4(인삼재배와 약용문화 계승·발전 등) ① 국가, 지방자치단체 및 인삼자조금단체 등 생산자단체는 인삼재배와 약용문화의 계승·발전을 위하여 노력하여야 한다.

② 국가와 지방자치단체는 제1항에 따라 인삼재배와 약용문화의 계승·발전을 위하여 활동하는 생산자단체에 대하여 예산의 범위에서 필요한 지원을 할 수 있다.

[본조신설 2023. 6. 20.]

제6장 인삼류의 표기 등 〈개정 2011. 7. 25.〉

제21조 삭제 〈1999. 1. 21.〉

제22조(고려인삼 등의 표시) 인삼류와 그 용기·포장 등에 "고려인삼"·"고려수삼"·"고려홍삼"·"고려태극삼" 또는 "고려백삼" 등 "고려"(高麗)가 들어가는 용어를 사용하여 표시하려는 자는 「농산물품질관리법」에 따라 지리적표시의 등록을 하여야 한다.

[전문개정 2011. 7. 25.]

제7장 삭제 〈2000. 1. 21.〉

제23조 삭제 〈2000. 1. 21.〉

제24조 삭제 〈2000. 1. 21.〉

제25조 삭제 〈2000. 1. 21.〉

제26조 삭제 〈2000. 1. 21.〉

제27조 삭제 〈2000. 1. 21.〉

제8장 보칙 〈개정 2011. 7. 25.〉

제27조의2(청문) 시장·군수 또는 국립농산물검사기관의 장은 다음 각 호의 어느 하나에 해당하는 경우에는 청문을 하여야 한다.

1. 제16조에 따른 영업의 폐쇄
2. 제17조의3제1항에 따른 자체검사업체의 지정취소

[전문개정 2011. 7. 25.]

제28조(권한의 위임) 이 법에 따른 농림축산식품부장관의 권한은 대통령령으로 정하는 바에 따라 그 일부를 소속 기관의 장, 농촌진흥청장, 산림청장, 특별시장·광역시장·도지사·특별자치도지사, 시장·군수 또는 자치구의 구청장에게 위임할 수 있다. 〈개정 2013. 3. 23.〉

[전문개정 2011. 7. 25.]

제29조(조사 등) ① 농림축산식품부장관, 시장·군수 또는 국립농산물검사기관의 장은 인삼류의 안전성 확보, 소비자 보호 등 이 법의 시행을 위하여 필요하다고 인정할 때에는 소속 공무원으로 하여금 생산자단체·인삼제조업자·수집자·수출입업자·판매업자 또는 품질인증을 받은 자 등에 대하여 시설·장부·서류 또는 그 밖의 물건을 조사 또는 열람하게 하거나 검사에 필요한 시료(試料)를 수거하

게 할 수 있다. 〈개정 2013. 3. 23.〉

② 제1항에 따라 조사·열람 또는 수거를 하는 공무원은 그 권한을 표시하는 증표를 지니고 이를 관계인에게 보여주어야 한다.

[전문개정 2011. 7. 25.]

제30조 삭제 〈2001. 1. 26.〉

제30조의2(벌칙 적용 시의 공무원 의제) 제9조에 따른 연근확인 업무에 종사하는 조합의 임원·직원과 제17조제1항·제6항에 따라 검사업무에 종사하는 인삼류검사기관 및 인삼종자·종묘검사기관의 임원·직원은 「형법」 제129조부터 제132조까지를 적용할 때에는 공무원으로 본다.

[전문개정 2011. 7. 25.]

제9장 벌칙 〈개정 2011. 7. 25.〉

제31조(벌칙) ① 다음 각 호의 어느 하나에 해당하는 자는 5년 이하의 징역 또는 5천만원 이하의 벌금에 처한다. 〈개정 2015. 2. 3.〉

1. 제15조제1항을 위반하여 연근을 거짓으로 표시하여 판매한 제조자

2. 제19조제1항을 위반하여 연근표시를 제거 또는 변경하여 홍삼, 태극삼, 백삼 또는 그 밖의 인삼을 판매하거나 판매할 목적으로 보관 또는 진열한 자

3. 제19조제2항을 위반하여 미검사품 또는 불합격품을 판매·수출하거나 판매의 목적으로 보관 또는 진열한 자

4. 제19조제4항을 위반하여 자체검사필증 또는 검사증지를 붙이

거나 인쇄한 검사품의 포장을 뜯어 판매의 목적으로 보관 또는 진열하거나 그 내용물이나 포장단위를 변경한 자

② 다음 각 호의 어느 하나에 해당하는 자는 1년 이하의 징역 또는 1천만원 이하의 벌금에 처한다.

1. 제12조제1항에 따른 신고를 하지 아니하고 홍삼이나 5년근 이상의 태극삼, 백삼 또는 그 밖의 인삼을 제조·판매한 자

2. 제15조제2항에 따른 제조기준을 위반하여 홍삼, 태극삼, 백삼 또는 그 밖의 인삼을 제조한 자

3. 제15조제3항에 따른 관계 직원의 제조확인을 정당한 이유 없이 거부·방해 또는 기피한 자

4. 제17조의4제2항에 따른 명령을 위반하거나 압류를 거부·방해 또는 기피한 자

5. 제19조제3항에 따른 명령을 위반하거나 압류를 거부·방해 또는 기피한 자

[전문개정 2011. 7. 25.]

제32조(양벌규정) 법인의 대표자나 법인 또는 개인의 대리인, 사용인, 그 밖의 종업원이 그 법인 또는 개인의 업무에 관하여 제31조의 위반행위를 하면 그 행위자를 벌하는 외에 그 법인 또는 개인에게도 해당 조문의 벌금형을 과(科)한다. 다만, 법인 또는 개인이 그 위반행위를 방지하기 위하여 해당 업무에 관하여 상당한 주의와 감독을 게을리하지 아니한 경우에는 그러하지 아니하다.

[전문개정 2010. 3. 17.]

제33조(과태료) ① 다음 각 호의 어느 하나에 해당하는 자에게는

500만원 이하의 과태료를 부과한다.

1. 제8조제3항을 위반하여 잔류성농약 또는 화학비료를 사용한 자

2. 제12조제1항에 따른 신고를 하지 아니하고 4년근 이하의 태극삼, 백삼 또는 그 밖의 인삼을 제조·판매한 자

3. 제12조제3항을 위반하여 중요 사항 변경, 휴업 또는 영업재개에 관한 신고를 하지 아니한 인삼류제조업자

4. 인삼류제조업자의 지위를 승계한 자로서 제14조제2항에 따른 신고를 하지 아니하고 홍삼, 태극삼, 백삼 또는 그 밖의 인삼을 제조·판매한 자

5. 제17조제2항에 따른 검사기록서를 보존하지 아니한 인삼류검사기관과 자체검사업체

6. 제17조제4항을 위반하여 자체검사필증 또는 검사증지를 붙이지 아니하거나 인쇄하지 아니하고 홍삼, 태극삼, 백삼 또는 그 밖의 인삼을 판매한 자

7. 제17조제5항을 위반하여 자체검사성적서 등을 제출하지 아니한 자

8. 제17조의2제3항에 따른 변경신고를 하지 아니한 자

9. 제17조의5제1항을 위반하여 교육을 받지 아니한 검사원으로 하여금 검사하게 한 자체검사업체

10. 제29조제1항에 따른 조사 등에 대하여 정당한 이유 없이 거부한 자

② 다음 각 호의 어느 하나에 해당하는 자에게는 300만원 이하의

과태료를 부과한다. 〈신설 2023. 6. 20.〉

1. 제4조제1항을 위반하여 신고를 하지 아니하고 인삼을 경작한 자

2. 제4조제2항을 위반하여 상속·양수 또는 합병의 신고를 하지 아니한 자

③ 제1항 및 제2항에 따른 과태료는 대통령령으로 정하는 바에 따라 농림축산식품부장관, 국립농산물검사기관의 장 또는 시장·군수가 부과·징수한다. 〈개정 2013. 3. 23., 2023. 6. 20.〉

[전문개정 2011. 7. 25.]

부칙 〈제5022호, 1995. 12. 6.〉

제1조 (시행일) 이 법은 1996년 7월 1일부터 시행한다.

제2조 (다른 법률의 폐지) 인삼사업법은 이를 폐지한다.

제3조 (기금에 관한 경과조치) 이 법 시행당시 종전의 규정에 의하여 설치된 인삼진흥기금은 이 법에 의하여 설치된 인삼산업진흥기금으로 본다.

제4조 (경작지정에 관한 경과조치) ①이 법 시행당시 종전의 인삼사업법에 의하여 한국담배인삼공사가 지정한 홍삼경작포에 대하여는 한국담배인삼공사와 생산자단체간에 경작계약한 것으로 보며, 한국담배인삼공사사장이 수매하여야 한다.

②이 법 시행당시 종전의 인삼사업법에 의하여 한국담배인삼공사가 경작지정하여 경작중에 있는 백삼포 및 묘삼포는 이 법에 의하여 경작지정 또는 경작신고한 것으로 본다.

제5조 (검사등에 관한 경과조치) 이 법 시행당시 종전의 인삼사업법

에 의하여 행한 검사 기타 처분은 그에 해당하는 이 법에 의한 검사 기타 처분으로 본다.

제6조 (홍삼제품의 제조ㆍ가공 및 품질관리등에 관한 경과조치) 종전의 인삼사업법에 의한 홍삼제품의 제조ㆍ가공허가, 기준 및 규격의 적용 기타 품질관리에 관한 사항은 식품위생법에 의한다.

제7조 (벌칙에 관한 경과조치) 이 법 시행전의 행위에 대한 벌칙의 적용에 있어서는 종전의 인삼사업법에 의한다.

제8조 (다른 법률의 개정) ①농어촌구조개선특별회계법중 다음과 같이 개정한다.

제12조제1항중 "금융기관 및 임업협동조합중앙회"를 "금융기관, 임업협동조합중앙회 및 인삼협동조합중앙회"로 한다.

제13조중 "금융기관 또는 임업협동조합중앙회"를 "금융기관, 임업협동조합중앙회 또는 인삼협동조합중앙회"로 한다.

제14조중 "금융기관ㆍ임업협동조합중앙회"를 "금융기관ㆍ임업협동조합중앙회ㆍ인삼협동조합중앙회"로 한다.

②인삼협동조합법중 다음과 같이 개정한다.

제8조제1항 내지 제3항, 제9조제1항ㆍ제2항, 제10조제1항, 제11조제2항, 제27조제1항제4호ㆍ제2항, 제29조, 제33조제3항, 제38조제1항제11호, 제39조제1항ㆍ제2항 및 제42조중 "재무부장관"을 각각 "농림수산부장관"으로 한다.

제9조 (다른 법령과의 관계) 이 법 시행당시 다른 법령에서 종전의 인삼사업법의 규정을 인용하고 있는 경우에 이 법중 그에 해당하는 규정이 있는 경우에는 종전의 규정에 갈음하여 이 법 또는 이 법의

해당 규정을 인용한 것으로 본다.

부칙 〈제5153호, 1996. 8. 8.〉 (정부조직법)

제1조 (시행일) 이 법은 공포후 30일 이내에 제41조의 개정규정에 의한 해양수산부와 해양경찰청의 조직에 관한 대통령령의 시행일부터 시행한다.

제2조 생략

제3조 (다른 법률의 개정) ①내지 ㊲생략

㊳인삼산업법중 다음과 같이 개정한다.

제3조제1항 · 제2항, 제4조, 제5조제1항 · 제2항 본문, 제7조제1항 본문, 제10조제1항 · 제2항, 제11조, 제12조제1항 · 제3항, 제14조제3항, 제16조제1항 본문 · 제2항, 제17조제1항 · 제3항, 제18조, 제20조제1항 · 제2항, 제25조제2항, 제26조, 제27조제1항 · 제2항 본문, 제28조, 제29조제1항, 제30조 및 제33조제2항중 "농림수산부장관"을 각각 "농림부장관"으로 한다.

제3조제2항, 제4조제1항 · 제2항, 제5조제1항 · 제2항 본문, 제6조제2호, 제7조제1항 본문, 제8조제3항, 제9조제1항 · 제3항, 제10조제3항, 제12조제1항 · 제2항, 제14조제3항 · 제4항 본문, 제15조제2항 · 제3항, 제16조제3항, 제17조제1항 내지 제4항 · 제6항 · 제8항 및 제20조제1항 · 제3항중 "농림수산부령"을 각각 "농림부령"으로 한다.

㊴내지 〈69〉생략

제4조 생략

부칙 〈제5453호, 1997. 12. 13.〉 (행정절차법의시행에따른 공인회계사법등의정비에관한법률)

제1조 (시행일) 이 법은 1998년 1월 1일부터 시행한다. 〈단서 생략〉

제2조 생략

부칙 〈제5664호, 1999. 1. 21.〉

①(시행일) 이 법은 1999년 7월 1일부터 시행한다.

②(제조업신고에 관한 경과조치) 이 법 시행당시 종전의 제12조의 규정에 의하여 인삼제조업의 등록 또는 신고를 한 자는 제12조의 개정규정에 의하여 인삼제조업의 신고를 한 것으로 본다.

③(자체검사업체의 지정에 관한 경과조치) 이 법 시행당시 종전의 제17조제5항의 규정에 의하여 자체검사업체로 결정되어 통보를 받은 자는 제17조제2항의 개정규정에 의하여 자체검사업체로 지정된 것으로 본다.

④(벌칙에 관한 경과조치) 이 법 시행전의 행위에 대한 벌칙의 적용에 있어서는 종전의 규정에 의한다.

⑤(다른 법률의 개정) 기금관리기본법중 다음과 같이 개정한다.

별표 제102호를 다음과 같이 한다.

102. 인삼산업법

부칙 〈제5667호, 1999. 1. 21.〉 (농수산물품질관리법)

제1조 (시행일) 이 법은 1999년 7월 1일부터 시행한다.

제2조 내지 제6조 생략

제7조 (다른 법률의 개정) ① 및 ②생략

③인삼산업법중 다음과 같이 개정한다.

제18조중 "농수산물가공산업육성및품질관리에관한법률"을 "농수산물품질관리법"으로 한다.

제8조 생략

부칙 〈제6189호, 2000. 1. 21.〉

제1조 (시행일) 이 법은 2000년 6월 1일부터 시행한다.

제2조 (인삼산업진흥기금의 폐지에 관한 경과조치) ①이 법 시행당시 인삼산업법에 의하여 설치된 인삼산업진흥기금의 채권·채무등 일체의 권리·의무 및 재산은 농수산물유통및가격안정에관한법률 제54조의 규정에 의한 농수산물가격안정기금이 이를 승계한다.

②제1항의 규정에 의하여 농수산물가격안정기금이 인삼산업진흥기금으로부터 승계하는 융자금은 농수산물유통및가격안정에관한법률 제60조의 규정에 의하여 따로 정하는 금리 및 기간으로 동법 제57조제3항의 규정에 의하여 인삼협동조합중앙회에 융자된 것으로 본다.

③이 법 시행전에 종전의 제25조제2항의 규정에 의한 인삼산업진흥기금의 2000년도 기금운용계획에 반영된 사업은 농수산물유통및가격안정에관한법률 제57조제1항의 규정에 불구하고 2000년 12월 31일까지 농수산물가격안정기금에서 융자 또는 대출할 수 있다.

제3조 (다른 법률의 개정) 기금관리기본법중 다음과 같이 개정한다.

별표2중 제102호를 삭제한다.

제4조 (기금폐지에 따른 다른 법률과의 관계) 이 법 시행당시 다른 법률에서 종전의 인삼산업진흥기금을 인용한 경우에는 농수산물유통및가격안정에관한법률 제54조의 규정에 의한 농수산물가격안정기금을 인용한 것으로 본다.

부칙 〈제6380호, 2001. 1. 26.〉

제1조 (시행일) 이 법은 2001년 7월 1일부터 시행한다.

제2조 (인삼제조업자에 관한 경과조치) 이 법 시행당시 종전의 규정에 의한 인삼제조업자는 제12조의 개정규정에 의한 인삼류제조업자로 본다.

제3조 (지리적표시에 관한 경과조치) 이 법 시행당시 종전의 제22조의 규정에 의하여 지리적표시를 등록하여 사용중인 자는 이 법 시행후 5년까지는 농산물품질관리법에 의하여 지리적표시의 등록을 한 것으로 본다.

제4조 (농산물품질관리법의 제명변경에 관한 경과조치) 이 법 시행당시 제22조, 부칙 제3조 및 제6조중 농산물품질관리법은 법률 제6399호 수산물품질관리법 시행일 전일까지는 각각 농수산물품질관리법으로 본다.

제5조 (벌칙에 관한 경과조치) 이 법 시행전의 행위에 대한 벌칙의 적용에 관하여는 종전의 규정에 의한다.

제6조 (다른 법률의 개정) 농산물품질관리법중 다음과 같이 개정한다.

제8조제3항에 단서를 다음과 같이 신설한다.

다만, 지리적특산품중 인삼산업법에 의한 인삼류의 경우에는 농림부령이 정하는 표시방법 외에 인삼류와 그 용기 ·포장 등에 "고려인삼"·"고려수삼"·"고려홍삼"·"고려태극삼" 또는 "고려백삼" 등 "고려(高麗)"가 들어가는 용어를 사용하여 지리적표시를 할 수 있다.

부칙 〈제6399호, 2001. 1. 29.〉 (수산물품질관리법)

제1조 (시행일) 이 법은 2001년 9월 1일부터 시행한다.

제2조 내지 제7조 생략

제8조 (다른 법률의 개정) ①내지 ④생략

⑤인삼산업법중 다음과 같이 개정한다.

제18조중 "농수산물품질관리법"을 "농산물품질관리법"으로 한다.

제9조 생략

부칙 〈제6998호, 2003. 12. 11.〉

①(시행일) 이 법은 2004년 7월 1일부터 시행한다.

②(과태료에 관한 경과조치) 이 법 시행전의 행위에 대한 과태료의 적용에 있어서는 종전의 규정에 의한다.

부칙 〈제7275호, 2004. 12. 31.〉 (농수산물유통및가격안정에관한법률)

제1조 (시행일) 이 법은 2005년 1월 1일부터 시행한다.

제2조 및 제3조 생략

제4조 (다른 법률의 개정) ①및 ②생략

③인삼산업법중 다음과 같이 개정한다.

제20조제3항중 "농수산물가격안정기금"을 "농산물가격안정기금"으로 한다.

제5조 생략

부칙 〈제8505호, 2007. 7. 13.〉

①(시행일) 이 법은 공포 후 6개월이 경과한 날부터 시행한다.

②(자체검사업체에 대한 경과조치) 이 법 시행 당시 종전의 규정에 따라 자체검사업체로 지정받은 자는 이 법에 따른 자체검사업체로 지정받은 것으로 본다. 다만, 이 법 시행 후 3년 이내에 제17조의2의 개정규정에 따라 자체검사업체로 다시 지정받아야 한다.

③(영업폐쇄 등에 관한 경과조치) 이 법 시행 전의 행위에 대한 영업폐쇄 등의 명령에 관하여는 종전의 규정에 따른다.

부칙 〈제8852호, 2008. 2. 29.〉 (정부조직법)

제1조 (시행일) 이 법은 공포한 날부터 시행한다. 다만, ···〈생략〉··· 부칙 제6조에 따라 개정되는 법률 중 이 법의 시행 전에 공포되었으나 시행일이 도래하지 아니한 법률을 개정한 부분은 각각 해당 법률의 시행일부터 시행한다.

제2조 부터 제5조까지 생략

제6조 (다른 법률의 개정) ① 부터 〈317〉 까지 생략

〈318〉 인삼산업법 일부를 다음과 같이 개정한다.

제3조제1항, 제15조제3항 및 제17조제1항 각 호 외의 부분 본문

· 제6항 중 "농림부장관"을 각각 "농림수산식품부장관"으로 한다.

제3조제2항, 제10조제1항 · 제2항, 제11조, 제18조, 제20조제2항, 제28조, 제29조제1항 및 제33조제2항 중 "농림부장관"을 각각 "농림수산식품부장관"으로 한다.

제3조제2항, 제4조제1항 전단 및 후단 · 제2항 각 호 외의 부분, 제8조제3항, 제9조제1항 · 제3항, 제10조제3항, 제12조제1항 본문 · 제2항, 제14조제2항 전단, 제15조제2항, 제16조제3항, 제17조의6 제2항 및 제20조제3항 중 "농림부령"을 각각 "농림수산식품부령"으로 한다.

제17조제1항 각 호 외의 부분 본문 · 제2항 · 제3항 · 제4항 본문 · 제5항부터 제7항까지, 제17조의2제4항, 제17조의3제3항, 제17조의 4제2항 전단 · 후단 및 제17조의5제4항 중 "농림부령"을 각각 "농림수산식품부령"으로 한다.

〈319〉 부터 〈760〉 까지 생략

제7조 생략

부칙 〈제9432호, 2009. 2. 6.〉 (식품위생법)

제1조(시행일) 이 법은 공포 후 6개월이 경과한 날부터 시행한다. 〈단서 생략〉

제2조 부터 제5조까지 생략

제6조(다른 법률의 개정) ① 부터 ⑰ 까지 생략

⑱ 인삼산업법 일부를 다음과 같이 개정한다.

제2조제8호의2 중 "「식품위생법」 제12조"를 "「식품위생법」 제14

조”로 한다.

제12조제4항 후단 중 “식품위생법 제22조의 규정에 의한”을 “「식품위생법」 제37조에 따른”으로 하고, 같은 조 제5항 중 “식품위생법 제21조제1항제1호의 규정에 의한”을 “「식품위생법」 제36조제1항제1호에 따른”으로 하며, 같은 조 제6항 중 “식품위생법 제22조의 규정에 의한”을 “「식품위생법」 제37조에 따른”으로 한다.

제14조제3항 전단 중 “식품위생법 제25조제3항의 규정에 의한”을 “「식품위생법」 제39조제3항에 따른”으로 한다.

⑲ 부터 ㉚ 까지 생략

제7조 생략

부칙 〈제9664호, 2009. 5. 8.〉

이 법은 공포 후 3개월이 경과한 날부터 시행한다.

부칙 〈제9759호, 2009. 6. 9.〉 (농산물품질관리법)

제1조(시행일) 이 법은 공포 후 6개월이 경과한 날부터 시행한다.

제2조 부터 제5조까지 생략

제6조(다른 법률의 개정) ① 및 ② 생략

③ 인삼산업법 일부를 다음과 같이 개정한다.

제18조를 삭제한다.

④ 생략

제7조 생략

부칙 〈제10123호, 2010. 3. 17.〉

이 법은 공포한 날부터 시행한다.

부칙 〈제10885호, 2011. 7. 21.〉 (농수산물 품질관리법)

제1조(시행일) 이 법은 공포 후 1년이 경과한 날부터 시행한다.

제2조 부터 제18조까지 생략

제19조(다른 법률의 개정) ①부터 ⑦까지 생략

⑧ 인삼산업법 일부를 다음과 같이 개정한다.

제22조 중 "「농산물품질관리법」"을 "「농수산물 품질관리법」"으로 한다.

⑨부터 ⑬까지 생략

제20조 생략

부칙 〈제10948호, 2011. 7. 25.〉

제1조(시행일) 이 법은 공포 후 6개월이 경과한 날부터 시행한다. 다만, 제12조제3항, 제7항부터 제9항까지 및 제33조제1항제3호의 개정규정은 공포한 날부터 시행한다.

제2조(과태료에 관한 적용례) 제33조제1항제3호의 개정규정은 이 법 시행 전의 위반행위에 대하여도 적용한다. 다만, 이 법 시행 전에 이미 행하여진 과태료 부과 처분의 효력에 영향을 미치지 아니한다.

부칙 〈제11099호, 2011. 11. 22.〉

이 법은 공포 후 6개월이 경과한 날부터 시행한다.

부칙 〈제11690호, 2013. 3. 23.〉 (정부조직법)

제1조(시행일) ① 이 법은 공포한 날부터 시행한다.

② 생략

제2조 부터 제5조까지 생략

제6조(다른 법률의 개정) ①부터 〈324〉까지 생략

〈325〉 인삼산업법 일부를 다음과 같이 개정한다.

제2조제3호 · 제4호 · 제6호 · 제12호, 제3조제2항, 제4조제1항 전단 · 후단, 같은 조 제2항 각 호 외의 부분, 제8조제3항 본문, 제9조제1항 · 제3항, 제10조제3항, 제12조제1항 본문, 같은 조 제2항, 제14조제2항 전단, 제15조제2항, 제16조제3항, 제17조제1항 각 호 외의 부분 본문, 같은 조 제2항 · 제3항, 같은 조 제4항 본문, 같은 조 제5항부터 제7항까지, 제17조의2제4항, 제17조의3제3항, 제17조의4제2항 전단 · 후단, 제17조의5제4항, 제17조의6제2항, 제20조제3항 및 제20조의2제3항 중 "농림수산식품부령"을 각각 "농림축산식품부령"으로 한다.

제3조제1항 · 제2항, 제8조제3항 단서, 제10조제1항 각 호 외의 부분, 같은 조 제2항, 제11조, 제15조제3항, 제17조제1항 각 호 외의 부분 본문, 같은 조 제6항, 제20조제2항, 제28조, 제29조제1항 및 제33조제2항 중 "농림수산식품부장관"을 각각 "농림축산식품부장관"으로 한다.

〈326〉부터 〈710〉까지 생략

제7조 생략

부칙 〈제12417호, 2014. 3. 11.〉

이 법은 공포 후 6개월이 경과한 날부터 시행한다.

부칙 〈제13142호, 2015. 2. 3.〉

이 법은 공포한 날부터 시행한다.

부칙 〈제13360호, 2015. 6. 22.〉

이 법은 2015년 10월 1일부터 시행한다.

부칙 〈제14769호, 2017. 4. 18.〉

이 법은 공포 후 3개월이 경과한 날부터 시행한다.

부칙 〈제16101호, 2018. 12. 31.〉 (부가가치세법)

제1조(시행일) 이 법은 2019년 1월 1일부터 시행한다. 〈단서 생략〉

제2조 부터 제10조까지 생략

제11조(다른 법률의 개정) ①부터 ⑦까지 생략

⑧ 인삼산업법 일부를 다음과 같이 개정한다.

제12조제7항 중 "「부가가치세법」 제5조"를 "「부가가치세법」 제8조"로 한다.

⑨부터 ⑭까지 생략

부칙 〈제18534호, 2021. 11. 30.〉

제1조(시행일) 이 법은 공포 후 1개월이 경과한 날부터 시행한다.

제2조(경작신고에 관한 적용례) 제4조제3항 및 제4항의 개정규정은 이 법 시행 이후 조합등이 경작신고 또는 변경신고를 받은 경우부터 적용한다.

제3조(인삼류제조업 신고에 관한 적용례) 제12조제4항 및 제5항의 개정규정은 이 법 시행 이후 시장·군수가 인삼류제조업 신고 또는 변경신고를 받은 경우부터 적용한다.

제4조(영업자의 지위승계 신고에 관한 적용례) 제14조제3항 및 제4항의 개정규정은 이 법 시행 이후 시장·군수가 영업자의 지위승계 신고를 받은 경우부터 적용한다.

제5조(자체검사업체의 변경신고에 관한 적용례) 제17조의2제4항 및 제5항의 개정규정은 이 법 시행 이후 국립농산물검사기관의 장이 자체검사업체의 변경신고를 받은 경우부터 적용한다.

부칙 〈제19490호, 2023. 6. 20.〉

제1조(시행일) 이 법은 공포 후 6개월이 경과한 날부터 시행한다.

제2조(인삼의 경작신고에 관한 경과조치) 이 법 시행 당시 인삼의 경작신고를 하지 아니하고 경작하고 있는 인삼에 대하여는 제4조제1항 및 제2항의 개정규정에도 불구하고 종전의 규정에 따른다.

**개정 예정 법률 밑줄 별도 표시.

인삼산업법 시행령

[시행 2023. 12. 21.] [대통령령 제33945호, 2023. 12. 12., 일부개정]

제1조(목적) 이 영은 「인삼산업법」에서 위임된 사항과 그 시행에 필요한 사항을 규정함을 목적으로 한다.

[전문개정 2014. 3. 24.]

제1조의2(인삼산업 종합계획의 마련 등) ① 농림축산식품부장관은 「인삼산업법」(이하 "법"이라 한다) 제3조제1항에 따른 종합계획(이하 이 조에서 "종합계획"이라 한다)을 수립하려면 미리 농촌진흥청장, 지방자치단체의 장, 인삼 관련 생산자단체의 장 등의 의견을 들어야 한다.

② 삭제 〈2017. 10. 17.〉

③ 농림축산식품부장관은 정책 환경의 변화로 종합계획의 수정이 필요한 경우에는 종합계획을 변경할 수 있다. 이 경우 미리 농촌진흥청장, 지방자치단체의 장, 인삼 관련 생산자단체의 장 등의 의견을 들어야 한다.

④ 농림축산식품부장관은 종합계획을 수립하거나 변경하였을 때에는 그 내용을 농림축산식품부의 인터넷 홈페이지에 게시하여야 한다.

[본조신설 2014. 9. 11.]

제2조(인삼류제조업자의 변경신고 사항) 법 제12조제3항에서 "대통

령령으로 정하는 중요 사항"이란 다음 각 호의 어느 하나에 해당하는 사항을 말한다. 〈개정 2014. 9. 11.〉

1. 상호

2. 대표자

3. 영업소 또는 제조장의 소재지

4. 제조하는 인삼류

[전문개정 2014. 3. 24.]

제3조(인삼제품류의 종류) 법 제12조제6항 전단에서 "인삼제품류 중 대통령령으로 정하는 품목"이란 다음 각 호의 품목을 말한다. 〈개정 2023. 12. 12.〉

1. 농축인삼류

2. 인삼분말류

3. 농축홍삼류

4. 홍삼분말류

5. 당침(糖沈)인삼

6. 가용성(可溶性) 인삼성분(인삼 사포닌이 그램당 80밀리그램 이상 포함된 것을 말한다)이 80퍼센트 이상인 백삼제품

7. 가용성 홍삼성분(홍삼 사포닌이 그램당 70밀리그램 이상 포함된 것을 말한다)이 80퍼센트 이상인 홍삼제품

[전문개정 2014. 3. 24.]

제3조의2(인삼류의 원산지 표시방법 및 판정기준 등) 법 제15조제1항 후단에 따른 인삼류의 원산지 표시방법 및 판정기준 등에 관하여는 「농수산물의 원산지 표시 등에 관한 법률 시행령」 제5조를 준

용한다. 〈개정 2012. 1. 25., 2021. 12. 31.〉

[본조신설 2008. 1. 11.]

제4조(검사의 예외) 법 제17조제1항 각 호 외의 부분 단서에서 "대통령령으로 정하는 경우"란 인삼류의 제조자 또는 수집자가 홍삼·태극삼·백삼 또는 그 밖의 인삼에 그 원산지, 무게 및 제조자와 판매자의 성명을 표기하여 해당 인삼류를 원료로 하여 인삼제품류를 제조·가공하는 자에게 판매하는 경우를 말한다. 〈개정 2017. 10. 17.〉

[전문개정 2014. 3. 24.]

제5조(자체검사업체의 시설·인력 등) 법 제17조의2제1항에 따라 자체검사업체로 지정받으려는 자가 갖추어야 하는 시설·인력 등의 기준은 별표 1과 같다.

[전문개정 2014. 3. 24.]

제5조의2(검사원의 자격) 법 제17조의5제2항에 따른 검사원의 자격은 다음 각 호의 어느 하나에 해당하는 사람 중에서 법 제17조의5제3항에 따른 검사원 교육을 받은 사람으로 한다. 〈개정 2016. 6. 30., 2017. 8. 16.〉

1. 「고등교육법」에 따른 전문대학 이상의 학교에서 생물학·화학·농학·식품공학·영양학 또는 약학 분야의 학과를 졸업한 사람(법령에 따라 이와 같은 수준 이상의 학력이 있다고 인정되는 사람을 포함한다)

1의2. 「국가기술자격법」에 따른 식품기술사, 식품기사, 식품산업기사 또는 농화학기술사의 자격을 소지한 사람

2. 국공립연구기관, 법 제17조제1항에 따른 인삼류검사기관(이하 “인삼류검사기관”이라 한다), 인삼류제조업체 또는 인삼제품류제조업체의 이화학검사 또는 식품미생물검사 분야에서 2년 이상 근무한 경력이 있는 사람

3. 국립농산물검사기관, 인삼류제조업체, 인삼류생산자단체 또는 인삼류연구기관(법 제3조제2항에 따른 연구기관을 말한다)의 품질검사 분야에서 2년 이상 근무한 경력이 있는 사람

4. 인삼류검사기관의 품질검사 분야에서 6개월 이상 근무한 경력이 있는 사람

[전문개정 2014. 3. 24.]

제5조의3(규제의 재검토) 농림축산식품부장관은 다음 각 호의 사항에 대하여 다음 각 호의 기준일을 기준으로 3년마다(매 3년이 되는 해의 기준일과 같은 날 전까지를 말한다) 그 타당성을 검토하여 개선 등의 조치를 하여야 한다. 〈개정 2014. 9. 11., 2016. 12. 30.〉

1. 제5조에 따른 자체검사업체의 지정기준: 2017년 1월 1일

2. 제5조의2에 따른 검사원의 자격: 2017년 1월 1일

3. 삭제 〈2020. 3. 3.〉

[본조신설 2013. 12. 30.]

제6조(과태료의 부과기준) 법 제33조제1항 및 제2항에 따른 과태료의 부과기준은 별표 2와 같다. 〈개정 2023. 12. 12.〉

[전문개정 2010. 2. 8.]

부칙 〈제17242호, 2001. 6. 22.〉

①(시행일) 이 영은 2001년 7월 1일부터 시행한다.

②(미삼 등의 검사에 관한 경과조치) 이 영 시행당시 종전의 제7조의2제1호의 규정에 의하여 농림부령이 정한 인삼류에 대한 검사는 제4조의 개정규정에 불구하고 2002년 6월 30일까지는 종전의 규정에 의한다.

③(과태료 부과기준에 관한 경과조치) 이 영 시행전의 위반행위에 대한 과태료 부과기준의 적용에 있어서는 종전의 규정에 의한다.

④(다른 법령의 개정) 농수산물품질관리법시행령중 다음과 같이 개정한다.

제15조에 제2항을 다음과 같이 신설한다.

②인삼산업법에 의한 인삼류에 관한 지리적표시의 등록기준은 제1항의 규정에 불구하고 전통적으로 국내에서 경작되는 인삼종자(Panax ginseng C.A. Meyer)를 국내에서 경작하여 생산된 수삼 또는 그 수삼을 원료로 하여 국내에서 제조된 품목으로 한다.

제16조제2항에 단서를 다음과 같이 신설한다.

다만, 인삼산업법에 의한 인삼류의 경우에는 국내로 한다.

부칙 〈제18312호, 2004. 3. 17.〉 (전자적민원처리를위한가석방자관리규정등중개정령)

이 영은 공포한 날부터 시행한다.

부칙 〈제18439호, 2004. 6. 25.〉

①(시행일) 이 영은 2004년 7월 1일부터 시행한다. 다만, 제4조

의 개정규정은 2006년 1월 1일부터 시행한다.

②(검사원의 자격에 관한 경과조치) 이 영 시행 당시 인삼류검사기관 또는 자체검사업체의 검사원으로 근무하고 있는 자로서 종전의 규정에 의한 자격을 갖춘 자는 제5조의2의 개정규정에 의한 자격을 갖춘 것으로 본다.

부칙 〈제20539호, 2008. 1. 11.〉

이 영은 2008년 1월 14일부터 시행한다.

부칙 〈제20677호, 2008. 2. 29.〉 (농림수산식품부와 그 소속기관 직제)

제1조(시행일) 이 영은 공포한 날부터 시행한다.

제2조 부터 제6조까지 생략

제7조(다른 법령의 개정) ① 부터 ㊽ 까지 생략

㊾ 인삼산업법시행령 일부를 다음과 같이 개정한다.

제6조제1항 중 "농림부장관"을 "농림수산식품부장관"으로 하고, 같은 조 제4항 중 "농림부령"을 "농림수산식품부령"으로 한다.

㊿ 부터 〈59〉 까지 생략

부칙 〈제22025호, 2010. 2. 8.〉

이 영은 공포한 날부터 시행한다.

부칙 〈제23109호, 2011. 8. 30.〉

제1조(시행일) 이 영은 공포한 날부터 시행한다.
제2조(적용례) 별표 1 제3호의 개정규정은 이 영 시행 후 최초로 자체검사업체의 지정을 신청하는 것부터 적용한다.

부칙 〈제23536호, 2012. 1. 25.〉
이 영은 2012년 1월 26일부터 시행한다.

부칙 〈제25050호, 2013. 12. 30.〉 (행정규제기본법 개정에 따른 규제 재검토기한 설정을 위한 주택법 시행령 등 일부개정령)
이 영은 2014년 1월 1일부터 시행한다. 〈단서 생략〉

부칙 〈제25269호, 2014. 3. 24.〉
이 영은 공포한 날부터 시행한다.

부칙 〈제25595호, 2014. 9. 11.〉
이 영은 2014년 9월 12일부터 시행한다.

부칙 〈제27299호, 2016. 6. 30.〉 (행정규제 정비를 위한 개발제한구역의 지정 및 관리에 관한 특별조치법 시행령 등 일부개정령)
제1조(시행일) 이 영은 2016년 7월 1일부터 시행한다. 〈단서 생략〉
제2조 부터 제15조까지 생략

부칙 〈제27751호, 2016. 12. 30.〉 (규제 재검토기한 설정 등을 위한 가맹사업거래의 공정화에 관한 법률 시행령 등 일부개정령)

제1조(시행일) 이 영은 2017년 1월 1일부터 시행한다. 〈단서 생략〉

제2조 부터 제12조까지 생략

부칙 〈제28243호, 2017. 8. 16.〉 (자격요건에서의 불합리한 학력차별을 시정하기 위한 기술사법 시행령 등 19개 대통령령 일부개정령)

이 영은 공포한 날부터 시행한다.

부칙 〈제28361호, 2017. 10. 17.〉

이 영은 공포한 날부터 시행한다.

부칙 〈제30509호, 2020. 3. 3.〉 (규제 재검토기한 해제 등을 위한 144개 대통령령의 일부개정에 관한 대통령령)

이 영은 공포한 날부터 시행한다.

부칙 〈제32297호, 2021. 12. 31.〉 (농수산물의 원산지 표시 등에 관한 법률 시행령)

제1조(시행일) 이 영은 2022년 1월 1일부터 시행한다.

제2조(다른 법령의 개정) ① 및 ② 생략

③ 인삼산업법 시행령 일부를 다음과 같이 개정한다.

제3조의2 중 "「농수산물의 원산지 표시에 관한 법률 시행령」"을

“「농수산물의 원산지 표시 등에 관한 법률 시행령」”으로 한다.

부칙 〈제33945호, 2023. 12. 12.〉

이 영은 2023년 12월 21일부터 시행한다.

별표 / 서식

[별표 1] 자체검사업체의 시설 · 인력 등의 기준(제5조 관련)

[별표 2] 과태료의 부과기준(제6조 관련)

**개정 예정 법률 밑줄 별도 표시.

인삼산업법 시행규칙

[시행 2023. 12. 21.] [농림축산식품부령 제620호, 2023. 12. 20., 일부개정]

제1조(목적) 이 규칙은 「인삼산업법」 및 동법 시행령에서 위임된 사항과 그 시행에 관하여 필요한 사항을 규정함을 목적으로 한다. 〈개정 2005. 6. 11., 2006. 4. 13.〉

제1조의2(인삼류의 색상) ① 「인삼산업법」(이하 "법"이라 한다) 제2조제3호에서 "농림축산식품부령으로 정하는 색상"이란 담적갈색·담황갈색·다갈색 또는 농다갈색을 말한다. 〈개정 2013. 3. 23.〉

② 법 제2조제4호에서 "농림축산식품부령으로 정하는 색상"이란 담황색·백황색 또는 담갈색을 말한다. 〈개정 2013. 3. 23.〉

[본조신설 2012. 1. 26.]

제1조의3(그 밖의 인삼의 종류) 법 제2조제6호에서 "농림축산식품부령으로 정하는 것"이란 다음 각 호의 것을 말한다. 〈개정 2013. 3. 23.〉

1. 수삼을 증기나 그 밖의 방법으로 쪄서 익혀 말린 것으로서 담흑갈색 또는 흑다갈색을 띠는 것(이하 "흑삼"이라 한다)

2. 그 밖에 수삼을 원료로 하여 제조한 것으로서 농림축산식품부장관이 정하여 고시한 것

[본조신설 2012. 1. 26.]

제1조의4(생산자단체의 범위) 법 제2조제12호에서 “농림축산식품부령으로 정하는 인삼 관련 법인”이란 「농업·농촌 및 식품산업 기본법 시행령」 제4조에 따른 단체로서 인삼 관련 법인을 말한다. 〈개정 2013. 3. 23., 2015. 12. 23.〉

[본조신설 2012. 1. 26.]

제2조(연구기관의 범위) 법 제3조제2항에서 “농림축산식품부령이 정하는 연구기관”이라 함은 다음 각 호의 어느 하나에 해당하는 기관을 말한다. 〈개정 1996. 12. 28., 1999. 8. 7., 2005. 6. 11., 2006. 4. 13., 2008. 3. 3., 2012. 1. 26., 2013. 3. 23.〉

1. 농촌진흥청소속 연구기관

2. 삭제 〈2004. 6. 30.〉

3. 「과학기술분야 정부출연연구기관 등의 설립·운영 및 육성에 관한 법률」에 의한 한국식품연구원

4. 기타 농림축산식품부장관이 인삼제품의 개발등에 관한 사업의 수행에 적합하다고 인정하여 지정하는 인삼류 연구기관

제3조(경작신고 등) ① 법 제4조제1항에 따라 인삼의 경작신고를 하려는 자는 직전연도 6월 1일부터 해당 연도 5월 31일까지 식재한 인삼에 대하여 해당 연도 6월 1일까지 별지 제1호서식의 인삼경작신고서에 다음 각 호의 서류를 첨부하여 경작지를 관할하는 「농업협동조합법」에 따른 인삼 관련 품목조합의 장(이하 “조합장”이라 한다)에게 제출해야 한다. 이 경우 조합장은 그 신고내용을 확인한 후 별지 제2호서식의 인삼경작확인서를 신고인에게 발급해야 한다. 〈개정 2014. 11. 12., 2023. 3. 16., 2023. 12. 20.〉

1. 경작지의 토지대장등본 또는 임대차계약서

2. 지적도(재배지의 경계면을 표시한 지도를 말한다)

3. 별지 제1호의2서식의 인삼 식재면적 현황

②법 제4조제1항 후단에서 "농림축산식품부령이 정하는 중요사항"이라 함은 다음 각호의 사항을 말한다. 〈개정 2008. 3. 3., 2013. 3. 23.〉

1. 경작면적

2. 식재연도

3. 경작지의 위치

③법 제4조제1항 후단에 따른 인삼경작변경신고를 하려는 자는 별지 제3호서식의 인삼경작변경신고서에 인삼경작확인서를 첨부하여 조합장에게 제출해야 한다. 이 경우 조합장은 그 신고내용을 확인한 후 별지 제4호서식의 인삼경작변경신고확인증을 발급해야 한다. 〈개정 2014. 11. 12., 2019. 8. 26., 2023. 12. 20.〉

④ 조합장은 법 제4조제3항에 따라 경작신고내용을 알릴 때에는 「농업·농촌 및 식품산업 기본법」 제52조에 따라 구축·운영되는 농림사업정보시스템의 인삼경작신고처리에 관한 정보시스템에 입력 또는 전송하는 방법으로 해야 한다. 〈신설 2014. 11. 12., 2015. 12. 23., 2023. 12. 20.〉

[전문개정 1999. 8. 7.]

제4조(인삼경작 승계의 신고) ①법 제4조제2항에 따라 경작지의 상속·양수 또는 법인의 합병신고를 하려는 자는 그 상속·양수 또는 합병을 한 날부터 20일 이내에 별지 제5호서식의 인삼경작승계신고

서에 피승계인의 인삼경작확인서를 첨부하여 조합장에게 제출해야 한다. 〈개정 2014. 11. 12., 2023. 12. 20.〉

②조합장은 제1항에 따른 신고를 받은 때에는 그 신고내용을 확인한 후 별지 제4호서식의 인삼경작승계신고확인증을 발급해야 한다. 〈개정 2014. 11. 12., 2019. 8. 26., 2023. 12. 20.〉

[전문개정 1999. 8. 7.]

제5조(경작신고내용의 제공) ①「농수산자조금의 조성 및 운영에 관한 법률」 제2조제3호에 따른 자조금단체 중 인삼 관련 자조금단체(이하 "인삼자조금단체"라 한다)는 법 제4조제6항에 따라 농림축산식품부장관으로부터 경작신고내용을 제공받으려는 경우에는 인삼자조금단체의 대의원 선출을 위한 선거인단 명부 작성, 자조금 납부율 관리, 경작농가 대상 교육 등 정보의 활용 목적을 구체적으로 명시하여 문서로 요청해야 한다.

② 농림축산식품부장관은 제1항에 따른 요청을 받은 경우에는 경작신고내용의 제공 필요성을 검토한 후 활용 목적에 따라 경작신고내용 중 다음 각 호의 사항 전부 또는 일부를 전자파일 또는 문서 형태로 제공할 수 있다.

1. 신고인의 성명(법인 또는 단체의 경우에는 그 명칭 및 대표자의 성명을 말한다), 생년월일(법인의 경우에는 법인등록번호를 말한다), 주소 및 전화번호

2. 경작지 주소, 지적공부상 지목·면적, 인삼식재면적

3. 식재연월일, 수확예정연도

4. 식재구분, 수확예정연근

5. 계약경작 여부

[본조신설 2023. 12. 20.]

제6조 삭제 〈1999. 8. 7.〉

제7조(사용금지농약 · 비료) 법 제8조제3항 본문에서 "농림축산식품부령으로 정하는 잔류성농약 및 화학비료"란 다음 각 호의 어느 하나에 해당하는 것을 말한다. 〈개정 1996. 12. 28., 2001. 7. 14., 2005. 6. 11., 2008. 3. 3., 2010. 5. 20., 2012. 1. 26., 2013. 3. 23., 2014. 11. 12.〉

1. 「농약관리법」 제8조 및 동법 제17조의 규정에 의하여 인삼에 사용할 수 있도록 등록되지 아니한 농약

2. 질소 · 인산 · 칼륨성분 중 하나 이상의 성분을 함유하는 무기질비료로서 화학적 또는 물리적인 작용에 의하여 생산되는 비료

3. 삭제 〈2001. 7. 14.〉

제8조(수삼의 연근확인) ①법 제9조제1항에 따라 수삼의 연근확인신청을 하려는 자는 수확예정일 7일 전까지 별지 제6호서식의 수삼연근확인신청서를 「농업협동조합법」에 따른 인삼 관련 품목조합(이하 이 조에서 "조합"이라 한다)의 장에게 제출하여야 한다. 〈개정 2008. 1. 14., 2014. 11. 12.〉

②조합의 장은 제1항에 따른 신청을 받은 때에는 검사담당직원으로 하여금 수확에 참관하도록 하여 다음 각 호의 사항을 확인하게 한 후 별지 제7호서식의 수삼연근확인서를 발급하여야 한다. 〈개정 2014. 11. 12., 2019. 8. 26.〉

1. 수확대상 경작지의 식재연도가 연근확인신청서상의 식재연도와

일치하는지의 여부

2. 수확대상 경작지에 최초 식재연도이후 연근이 다른 인삼이 이식되었는지의 여부

3. 연근확인을 받고자 하는 수삼이 수확에 참관한 포장에서 재배된 것인지의 여부

4. 연근확인을 받고자 하는 수삼이 제4항의 규정에 의한 연근판별 세부기준에 적합한지의 여부

③법 제9조의 규정에 의한 검사담당직원은 다음 각 호의 어느 하나에 해당하는 자 중에서 「농업협동조합법」에 따른 농협경제지주회사(이하 "농협경제지주회사"라 한다)의 대표이사가 임명하는 자로 한다. 〈개정 2001. 7. 14., 2008. 3. 3., 2013. 3. 23., 2017. 7. 12.〉

1. 「농업협동조합법」에 따른 농업협동조합중앙회(이하 "중앙회"라 한다), 농협경제지주회사 또는 조합에서 2년이상 인삼경작지도 및 인삼제조분야에 근무한 경험이 있는 직원

2. 법 제17조제1항의 규정에 의하여 농림축산식품부장관이 정하여 고시하는 인삼류검사기관(이하 "인삼류검사기관"이라 한다) 또는 제2조의 규정에 의한 연구기관에서 1년이상 인삼관련업무를 담당한 경험이 있는 중앙회 또는 조합의 직원

④법 제9조의 규정에 의한 연근확인에 필요한 연근판별 세부기준은 별표 3의2에 따른 검사기준중 연근검사에 관한 규정을 준용한다. 〈개정 2011. 8. 30.〉

⑤농협경제지주회사의 대표이사는 연근확인을 한 수삼의 포장별 봉인 및 표시방법 기타 연근확인업무의 수행에 필요한 세부사항을

정하여 공고할 수 있다. 〈개정 2017. 7. 12.〉

[전문개정 1999. 8. 7.]

제9조(계약경작사업비의 우선지원) 농림축산식품부장관이 법 제10조 제3항의 규정에 의하여 해당 계약자에게 우선적으로 지원할 수 있는 사업비는 다음 각호와 같다. 〈개정 1996. 12. 28., 2008. 3. 3., 2013. 3. 23.〉

1. 우량묘삼의 생산자금
2. 인삼식재에 필요한 자금
3. 농기계 및 경작자재의 구입자금
4. 인삼경작지의 관리에 필요한 자금
5. 가공시설자금
6. 기타 농림축산식품부장관이 필요하다고 인정하는 사업자금

제10조(인삼류제조업의 신고 등) ①법 제12조제1항에 따라 인삼류제조업의 신고를 하려는 자는 별지 제8호서식의 인삼류제조업등신고서에 시설내역서(홍삼, 태극삼 또는 흑삼을 제조하는 경우로 한정한다)를 첨부하여 주된 제조장을 관할하는 시장(특별자치시장 및 특별자치도지사를 포함한다. 이하 같다)·군수 또는 자치구의 구청장(이하 "시장·군수"라 한다)에게 제출(전자적 방법을 통한 제출을 포함한다)해야 한다. 〈개정 2008. 1. 14., 2008. 11. 18., 2012. 1. 26., 2017. 1. 2., 2023. 3. 16.〉

②인삼류제조업자가 법 제12조제6항에 따라 인삼제품류의 제조·가공의 신고를 하고자 하는 때에는 별지 제8호서식의 인삼류제조업등신고서에 「식품위생법 시행규칙」 제42조제1항에 따른 서류를 첨

부하여 시장·군수에게 제출해야 한다. 이 경우 「식품위생법 시행규칙」 별표 26에 따른 수수료를 함께 납부해야 한다. 〈개정 2005. 6. 11., 2011. 8. 30., 2023. 3. 16.〉

③시장·군수는 제1항에 따른 인삼류제조업의 신고를 받은 경우에는 그 신고내용을 확인한 후 별지 제9호서식의 인삼류제조업 신고확인증을 발급(전자적 방법을 통한 발급을 포함한다)하여야 한다. 〈개정 2008. 11. 18., 2017. 1. 2., 2019. 8. 26.〉

④시장·군수는 제2항의 규정에 의한 인삼제품류의 제조·가공의 신고를 받은 경우에는 별지 제9호의2서식의 인삼제품류영업신고통보서에 제2항의 규정에 의하여 제출받은 서류를 첨부하여 그 납부받은 수수료와 함께 소관 행정기관의 장에게 이를 통보하여야 한다.

[전문개정 2001. 7. 14.]

[제목개정 2008. 1. 14.]

제11조(시설기준) 법 제12조제2항의 규정에 의한 홍삼, 태극삼 또는 흑삼제조업의 시설기준은 별표 1과 같다. 〈개정 2012. 1. 26.〉

[전문개정 1999. 8. 7.]

제12조 삭제 〈1999. 8. 7.〉

제13조(인삼류제조업의 변경 등의 신고) ①법 제12조제3항의 규정에 의하여 신고사항의 변경, 휴업 또는 재개업의 신고를 하고자 하는 자는 별지 제10호서식의 신고서를 시장·군수에게 제출(전자적 방법을 통한 제출을 포함한다)하여야 한다. 〈개정 2001. 7. 14., 2010. 5. 20., 2012. 1. 26., 2017. 1. 2.〉

②시장·군수는 제1항의 규정에 의한 변경신고를 받은 때에는 그

신고내용을 확인한 후 인삼류제조업신고확인증을 정정하여 교부하여야 하며, 휴업 또는 재개업의 신고를 받은 때에는 별지 제11호서식의 신고확인증을 교부하여야 한다. 〈개정 2001. 7. 14., 2019. 8. 26.〉

[전문개정 1999. 8. 7.]

[제목개정 2001. 7. 14., 2012. 1. 26.]

제14조(영업자의 지위승계신고 등) ①법 제14조제2항의 규정에 의하여 인삼류제조업자의 지위를 승계한 자는 승계한 날부터 20일 이내에 별지 제12호서식의 인삼류제조업등승계신고서에 피승계인의 인삼류제조업신고확인증을 첨부하여 시장·군수에게 제출하여야 한다. 이 경우 법 제14조제2항 후단의 규정에 의하여 인삼제품류의 제조의 승계를 함께 신고하고자 하는 경우에는 「식품위생법 시행규칙」 제48조제1항에 따른 서류를 첨부하고, 동법 시행규칙 별표 26에 따른 수수료를 납부하여야 한다. 〈개정 2005. 6. 11., 2011. 8. 30., 2019. 8. 26.〉

②시장·군수는 제1항 전단의 규정에 의한 신고를 받은 때에는 인삼류제조업신고확인증을 정정하여 교부하여야 한다. 〈개정 2019. 8. 26.〉

③시장·군수는 제1항 후단의 규정에 의한 인삼제품류의 제조의 승계신고를 받은 때에는 별지 제12호의2서식의 인삼제품류제조승계신고통보서에 동항 후단의 규정에 의하여 제출받은 서류를 첨부하여 그 납부받은 수수료와 함께 소관 행정기관의 장에게 이를 통보하여야 한다.

[전문개정 2001. 7. 14.]

第15조(제조기준) 법 제15조제2항의 규정에 의한 홍삼, 태극삼, 백삼 및 흑삼의 제조기준은 별표 2와 같다. 〈개정 1999. 8. 7., 2012. 1. 26.〉

[제목개정 1999. 8. 7.]

第16조 삭제 〈1999. 8. 7.〉

第17조(영업의 폐쇄명령·정지처분의 세부기준) 법 제16조제3항의 규정에 의한 영업의 폐쇄명령 및 정지처분의 세부기준은 별표 3과 같다.

[전문개정 1999. 8. 7.]

第18조(검사의 신청등) ① 법 제17조제1항에 따른 인삼류검사기관의 검사를 받고자 하는 자는 검사를 받고자 하는 날의 10일전까지 별지 제13호서식의 인삼류검사신청서에 다음 각 호의 서류 및 검사시료를 첨부하여 인삼류검사기관의 장에게 제출하여야 한다. 〈개정 2001. 7. 14., 2004. 6. 30., 2008. 1. 14.〉

1. 수삼연근확인서(5년근이상의 경우에 한한다)
2. 수출신용장 또는 수출계약서사본(수출의 경우에 한한다)
3. 수입면장사본(수입의 경우에 한한다)

② 인삼류검사기관과 법 제17조의2제2항에 따른 자체검사업체(이하 "자체검사업체"라 한다)가 법 제17조제2항에 따라 보존하여야 할 검사기록서는 다음 각 호와 같다. 〈신설 2008. 1. 14., 2019. 8. 26.〉

1. 검사관리대장 : 별지 제13호의2서식
2. 검사확인증 출납대장 : 별지 제13호의3서식
3. 원산지검사대장 : 별지 제13호의4서식

4. 농약잔류검사대장 : 별지 제13호의5서식

5. 미생물검사대장 : 별지 제13호의6서식

[전문개정 1999. 8. 7.]

제18조의2 삭제 〈2001. 7. 14.〉

제18조의3(검사의 기준등) ①법 제17조제3항에 따른 인삼류의 연근검사·품질검사·포장검사 및 표시검사등의 기준·방법은 별표 3의2와 같다. 다만, 수출입하거나 면세점에서 판매하는 홍삼, 태극삼, 백삼 또는 흑삼의 경우에는 다음 각호의 구분에 따라 그 기준을 달리 할 수 있되, 그 기준을 달리 한 날부터 1개월 이내에 이를 법 제17조제5항에 따라 국립농산물검사기관의 장에게 제출하여야 한다. 〈개정 2004. 6. 30., 2008. 1. 14., 2008. 3. 3., 2012. 1. 26., 2013. 3. 23., 2014. 1. 6., 2016. 5. 16.〉

1. 수출의 경우 : 수출상대국 또는 수출상대방의 요청(수입면장등)에 의하여 검사기준을 변경할 필요가 있다고 인정되는 때에는 인삼류검사기관의 장 또는 자체검사업체가 별표 3의2의 검사중 원산지 및 연근검사외의 검사 기준을 따로 정할 수 있다.

2. 수입의 경우 : 수입 인삼류의 체형 및 특성등에 비추어 별표 3의2의 기준을 적용하는 것이 부적합하다고 인정되는 때에는 인삼류검사기관의 장이 농림축산식품부장관의 승인을 얻어 그 기준을 따로 정할 수 있다.

3. 면세점 판매의 경우: 인삼류검사기관의 장 또는 자체검사업체는 절편 및 절삼 인삼류에 대하여 별표 3의2 제2호나목4)의 표시검사기준에도 불구하고 등급을 정하여 표시할 수 있다.

② 제1항 각 호 외의 부분 단서 및 같은 항 제3호에 따른 "면세점"은 다음 각 호의 어느 하나에 해당하는 것을 말한다. 〈신설 2012. 1. 26.〉

1. 「관세법」 제196조에 따른 보세판매장

2. 「조세특례제한법」 제107조에 따른 면세점

3. 「개별소비세법」 제17조에 따른 외국인전용 판매장

4. 「제주특별자치도 설치 및 국제자유도시 조성을 위한 특별법」 제177조에 따른 지정면세점

[전문개정 1999. 8. 7.]

[제19조에서 이동, 종전 제18조의3은 제21조로 이동 〈2008. 1. 14.〉]

제18조의4(품질보증기간) 법 제17조제3항에 따른 품질보증기간은 검사일부터 기산하되, 그 기간은 제조일을 고려하여 다음 각 호의 범위에서 인삼류검사기관의 장 또는 자체검사업체의 장이 정한다. 〈개정 2008. 1. 14., 2012. 1. 26., 2016. 5. 16., 2021. 10. 8.〉

1. 질소 포장, 캔 포장 또는 이와 유사한 포장 방법으로 인삼류의 품질과 안전성의 확보가 가능하다고 판단될 경우 홍삼·태극삼 및 흑삼은 20년 이내, 백삼은 10년 이내

2. 진공포장한 홍삼·태극삼 및 흑삼은 10년 이내, 백삼은 3년 이내

3. 제1호 및 제2호 외의 방법으로 포장한 홍삼·태극삼·흑삼 및 백삼은 2년 이내

[전문개정 1999. 8. 7.]

[제목개정 2008. 1. 14.]

[제20조에서 이동, 종전 제18조의4는 제20조로 이동 <2008. 1. 14.>]

제19조(검사의 장소) 법 제17조제3항에 따른 검사의 장소는 다음 각 호와 같다. <개정 2004. 6. 30., 2008. 1. 14., 2012. 1. 26.>

1. 홍삼중 홍삼본삼·원형홍삼, 태극삼중 태극본삼, 흑삼 중 흑삼본삼 및 수출입 인삼류 : 제조장 또는 영업소

2. 제1호에 따른 인삼류 외의 인삼류 : 인삼류검사기관의 장이 정하여 공고하는 장소

[전문개정 1999. 8. 7.]

[제21조에서 이동, 종전 제19조는 제18조의3로 이동 <2008. 1. 14.>]

제20조(인삼종자·종묘의 검사) ①법 제17조제6항에 따라 인삼종자·종묘검사기관으로부터 인삼의 종자 또는 종묘를 검사받고자 하는 자는 검사를 받고자 하는 날의 3일전까지 별지 제14호서식의 검사신청서를 인삼종자·종묘검사기관의 장에게 제출(전자적 방법을 통한 제출을 포함한다)하여야 한다. <개정 2004. 6. 30., 2008. 1. 14., 2017. 1. 2.>

②인삼종자·종묘검사기관의 장은 검사의 기준 및 방법등에 관한 세부사항을 정하여 공고하여야 한다.

[본조신설 1999. 8. 7.]

[제18조의4에서 이동, 종전 제20조는 제18조의4로 이동 <2008. 1. 14.>]

제21조(자체검사업체의 지정 등) ①법 제17조의2제1항에 따라 자체검사업체로 지정받고자 하는 자는 지정받고자 하는 날의 30일전까지 별지 제15호서식의 자체검사업체지정신청서에 다음 각 호의 서류를 첨부하여 국립농산물검사기관의 장에게 제출하여야 한다. 〈개정 2001. 7. 14., 2008. 1. 14., 2010. 5. 20., 2011. 8. 30., 2019. 8. 26.〉

1. 인삼류제조업신고확인증 사본

2. 인삼류 품질관리시설 및 인력내역

3. 최근 1년 동안 인삼의 종류별로 자가제조하여 인삼류검사기관으로부터 검사를 받은 실적 1부

②국립농산물검사기관의 장은 제1항에 따라 자체검사업체지정의 신청을 받은 때에는 「인삼산업법 시행령」(이하 "영"이라 한다) 제5조에 따른 자체검사업체의 시설·인력등의 기준에 적합한지의 여부를 확인한 후 지정 여부를 결정하여 신청인에게 통지하여야 한다. 이 경우 지정하기로 결정한 자에게는 별지 제15호의2서식의 자체검사업체 지정서를 발급하고 그 내용을 농림축산식품부장관에게 보고하여야 한다. 〈개정 2001. 7. 14., 2006. 4. 13., 2008. 3. 3., 2013. 3. 23., 2014. 11. 12.〉

③ 자체검사업체가 법 제17조의2제3항에 따라 변경신고를 하여야 할 사항은 다음 각 호와 같다. 〈신설 2014. 11. 12.〉

1. 업체명 변경

2. 대표자 변경(법인만 해당한다)

3. 제조장 소재지 변경

4. 영 제5조 및 별표 1에 따른 자체검사업체의 시설·인력 등의 기준 중 시설, 조직 또는 인력에 관한 사항의 변경

④ 법 제17조의2제3항에 따라 변경신고를 하려는 자체검사업체는 별지 제15호의3서식의 자체검사업체 변경신고서에 다음 각 호의 서류를 첨부하여 국립농산물검사기관의 장에게 제출하여야 한다. 이 경우 국립농산물검사기관의 장은 그 신고내용을 확인한 후 변경사항을 반영하여 별지 제15호의2서식의 자체검사업체 지정서를 재발급하여야 한다. 〈신설 2014. 11. 12.〉

1. 자체검사업체 지정서

2. 변경사항을 증명하는 서류

⑤법 제17조의3제3항에 따른 자체검사업체의 지정취소 등 행정처분기준은 별표 4와 같다. 이 경우 자체검사업체지정취소의 통지 및 보고에 관하여는 제2항을 준용한다. 〈개정 2001. 7. 14., 2008. 1. 14., 2014. 11. 12.〉

⑥국립농산물검사기관의 장은 자체검사업체가 제18조의3에 따른 검사의 기준을 위반한 때에는 다음 각 호의 자료제출을 요구할 수 있다. 〈개정 2008. 1. 14., 2014. 11. 12.〉

1. 품목별, 연근별 제조실적 및 자체검사성적

2. 수삼연근확인서(5년근이상의 경우에 한한다)

3. 농약잔류검사, 이화학성분검사 및 미생물검사의 성적

[본조신설 1999. 8. 7.]

[제목개정 2014. 11. 12.]

[제18조의3에서 이동, 종전 제21조는 제19조로 이동 〈2008. 1.

14.〉]

제21조의2 삭제 〈2004. 6. 30.〉

제22조(검사수수료) 법 제17조제7항에 따른 검사수수료는 별표 4의 2에 따른 금액의 범위에서 인삼류검사기관의 장 또는 인삼종자ㆍ종묘검사기관의 장이 정하여 공고하는 금액으로 한다. 〈개정 2004. 6. 30., 2008. 1. 14.〉

[전문개정 1999. 8. 7.]

[제27조에서 이동, 종전 제22조는 제25조로 이동 〈2008. 1. 14.〉]

제23조(검사합격품의 확인검사) ①국립농산물검사기관의 장은 법 제17조의4제1항에 따라 소속공무원으로 하여금 유통중이거나 판매를 목적으로 보관ㆍ진열중인 검사합격품을 수거하여 확인검사를 실시하게 할 수 있다. 〈개정 2004. 6. 30., 2008. 1. 14.〉

②법 제17조의4제2항에 따른 검사기준에 미달되는 제품의 수거ㆍ폐기 또는 재검사의 기준은 다음 각 호와 같다. 〈개정 2004. 6. 30., 2008. 1. 14., 2023. 3. 16.〉

1. 수거ㆍ폐기: 다음 각 목에 해당하는 경우

가. 별표 3의2 제2호가목2)에 따른 벤조피렌의 검사기준을 초과한 경우

나. 별표 3의2 제2호가목3)에 따른 중금속 검사기준을 초과한 경우

다. 별표 3의2 제2호가목5)에 따른 농약잔류허용기준을 초과한 경우

2. 재검사 : 제1호에 해당하는 경우 외에 별표 3의2 제2호에 따른 검사기준에 맞지 않는 경우로서 연근검사착오율 등이 별표 5에 따른 기준을 초과한 때

③ 제1항에 따른 확인검사 시 국립농산물검사기관의 장은 확인검사의 투명성 확보를 위하여 인삼류검사기관 또는 자체검사업체로 하여금 확인검사에 참관하도록 요청하여야 한다. 〈신설 2008. 1. 14., 2019. 8. 26.〉

④국립농산물검사기관의 장은 제2항의 규정에 따라 제품의 수거·폐기 또는 재검사를 명한 때에는 당해 제품을 검사한 인삼류검사기관의 장 또는 자체검사업체에 시정조치 등을 명하고 그 결과를 농림축산식품부장관에게 보고하여야 한다. 〈신설 2004. 6. 30., 2008. 1. 14., 2008. 3. 3., 2013. 3. 23.〉

[전문개정 1999. 8. 7.]

[제26조에서 이동 〈2008. 1. 14.〉]

제24조(압류 등) ①국립농산물검사기관 소속공무원은 법 제17조의4 제2항 및 법 제19조제3항에 따라 제품을 압류한 때에는 별지 제15호의4서식의 압류증을 발급하여야 한다. 〈개정 2008. 1. 14., 2014. 11. 12.〉

②압류한 물품의 처분절차·방법 그 밖의 필요한 사항은 국립농산물검사기관의 장이 정하여 고시한다.

[본조신설 2004. 6. 30.]

[제26조의2에서 이동 〈2008. 1. 14.〉]

제25조(검사결과의 표시 등) ①법 제17조의5제2항에 따른 검사원

(이하 "검사원"이라 한다)은 법 제17조제1항에 따른 검사결과 합격품에 대하여는 검사증지 또는 자체검사필증을 붙이거나 인쇄하고 검사확인도장을 날인하여야 한다. 다만, 수입한 홍삼·태극삼 또는 백삼의 검사에 합격한 것에 대하여는 검사증지 대신 인삼류검사기관의 장이 정하는 방법에 따라 포장에 봉인을 하고 검사확인도장을 날인할 수 있다. 〈개정 2004. 6. 30., 2008. 1. 14., 2014. 11. 12.〉

②제1항에 따른 검사증지, 자체검사필증 및 검사확인도장의 규격, 부착방법 기타 세부적인 사항은 국립농산물검사기관의 장이 정하여 공고한다. 〈개정 2004. 6. 30., 2014. 1. 6., 2014. 11. 12.〉

③인삼류검사기관의 장은 검사를 받은 자의 요청이 있는 때에는 별지 제16호서식의 검사증명서를 신청인에게 교부하여야 한다.

④ 법 제17조제5항에 따른 검사수량 및 검사성적서는 매 반기의 다음달 15일까지 별지 제17호서식에 따라 제출하여야 한다. 〈개정 2008. 1. 14.〉

[전문개정 1999. 8. 7.]

[제목개정 2014. 11. 12.]

[제22조에서 이동 〈2008. 1. 14.〉]

제26조(검사원 교육) ① 법 제17조의5제4항에 따른 검사원 교육내용은 인삼류 검사기법·안전성확보 및 품질관리 등으로 하고, 교육시간은 연간 6시간 이상으로 한다.

② 법 제17조의5제4항에 따라 교육대상자를 고용한 자로부터 징수하는 교육경비는 교육내용 및 교육기간 등을 고려하여 국립농산물검사기관의 장이 정한다.

[본조신설 2008. 1. 14.]

[종전 제26조는 제23조로 이동 〈2008. 1. 14.〉]

제27조(검사결과에 대한 이의신청) ①법 제17조의6에 따라 검사결과에 대한 이의신청을 하려는 자는 그 검사결과의 통보를 받은 날부터 5일이내에 해당검사를 한 인삼류검사기관의 장 또는 인삼종자·종묘검사기관의 장에게 이의를 신청하여야 한다. 〈개정 2004. 6. 30., 2008. 1. 14.〉

②인삼류검사기관의 장 또는 인삼종자·종묘검사기관의 장은 제1항의 규정에 의한 이의신청을 받은 경우 그 타당성 여부를 검토하여 타당하다고 인정되는 때에는 지체없이 재검사를 실시하고 그 결과를 신청인에게 통지하여야 한다.

[본조신설 1999. 8. 7.]

[제27조의2에서 이동, 종전 제27조는 제22조로 이동 〈2008. 1. 14.〉]

제28조(수입부담금의 납입 등) ① 삭제 〈1999. 8. 7.〉

② 삭제 〈1999. 8. 7.〉

③법 제20조제3항에서 "농림축산식품부령이 정하는 금액"이라 함은 수입한 인삼류의 판매수입금에서 농림축산식품부장관이 정하는 비용산정 기준에 의하여 산출된 해당 인삼류의 물품대금·운임·보험료 기타 수입에 소요되는 비목의 비용과 제세공과금·보관료·운송료 및 판매수수료등 국내판매에 소요되는 비목의 비용을 공제한 금액을 말한다. 〈개정 1996. 12. 28., 2008. 3. 3., 2013. 3. 23.〉

④법 제20조제2항에 따라 공매 등 농림축산식품부장관이 정하여

고시하는 방법에 따른 추천을 받아 인삼류를 수입한 자는 법 제20조제3항에 따라 제3항에 따른 금액을 농림축산식품부장관이 정하여 고시하는 기한까지 「농수산물 유통 및 가격안정에 관한 법률」 제54조에 따른 농산물가격안정기금(이하 “기금”이라 한다)에 납입해야 한다. 이 경우 납입금액이 건당 1천만원 이하인 경우에는 신용카드, 직불카드 등으로 납입할 수 있다. 〈개정 1996. 12. 28., 2000. 6. 23., 2001. 7. 14., 2005. 6. 11., 2008. 3. 3., 2013. 3. 23., 2014. 11. 12., 2023. 3. 16.〉

[제목개정 1999. 8. 7., 2014. 11. 12.]

제28조의2(영문증명서의 발급) ① 국립농산물검사기관의 장은 인삼류를 수출하려는 자에게 영문으로 필요한 증명서를 발급할 수 있다.

② 제1항에 따른 영문증명서의 종류, 발급 절차 및 방법 등에 관한 사항은 국립농산물검사기관의 장이 별도로 정한다.

[본조신설 2016. 5. 16.]

[종전 제28조의2는 제28조의3으로 이동 〈2016. 5. 16.〉]

제28조의3(통계조사의 내용) 법 제20조의3제1항에 따른 인삼산업과 관련된 생산 · 유통 · 소비 등에 관한 통계조사에는 다음 각 호의 사항이 포함되어야 한다.

1. 인삼의 재배 및 생산 현황
2. 인삼류의 유통 · 판매 · 소비 현황
3. 인삼류의 가격 현황
4. 인삼류의 수출입 현황
5. 인삼류의 제조 · 검사 · 사후관리 현황

6. 국내외 인삼산업 동향 및 전망에 관한 사항

7. 그 밖에 인삼산업 진흥에 필요하다고 농림축산식품부장관이 인정하는 사항

[본조신설 2014. 11. 12.]

[제28조의2에서 이동 〈2016. 5. 16.〉]

제29조 삭제 〈2001. 7. 14.〉

제30조 삭제 〈2000. 6. 23.〉

제31조(관계직원 및 소속공무원의 증표) 법 제15조제4항 · 제17조의4제3항 · 제19조제5항 및 법 제29조제2항에 따른 관계직원 및 소속공무원의 증표는 별지 제19호서식 및 별지 제20호서식에 따른다. 〈개정 2008. 1. 14.〉

[전문개정 2004. 6. 30.]

제32조(규제의 재검토) 농림축산식품부장관은 다음 각 호의 사항에 대하여 다음 각 호의 기준일을 기준으로 3년마다(매 3년이 되는 해의 기준일과 같은 날 전까지를 말한다) 그 타당성을 검토하여 개선 등의 조치를 해야 한다. 〈개정 2017. 1. 2., 2020. 11. 24., 2023. 3. 16.〉

1. 삭제 〈2023. 8. 7.〉

2. 제10조에 따른 인삼류제조업의 신고 절차: 2017년 1월 1일

3. 제11조 및 별표 1에 따른 홍삼, 태극삼 또는 흑삼제조업의 시설기준: 2017년 1월 1일

4. 삭제 〈2017. 1. 2.〉

5. 제15조 및 별표 2에 따른 홍삼, 태극삼, 백삼 및 흑삼의 제조

기준: 2017년 1월 1일

6. 제17조 및 별표 3에 따른 영업의 폐쇄명령 · 정지처분의 세부 기준: 2017년 1월 1일

7. 삭제 〈2017. 1. 2.〉

8. 제18조의3제1항 및 별표 3의2에 따른 인삼류 검사의 기준 · 방법: 2017년 1월 1일

9. 제19조에 따른 검사의 장소: 2017년 1월 1일

10. 제20조에 따른 인삼종자 · 종묘의 검사 절차 등: 2017년 1월 1일

11. 제21조제5항 및 별표 4에 따른 자체검사업체의 지정취소 등 행정처분기준: 2023년 1월 1일

12. 삭제 〈2020. 11. 24.〉

13. 제23조제2항 및 별표 5에 따른 제품의 수거 · 폐기 또는 재검사의 기준: 2017년 1월 1일

14. 삭제 〈2017. 1. 2.〉

15. 제25조에 따른 검사결과의 표시 등: 2017년 1월 1일

16. 삭제 〈2017. 1. 2.〉

17. 제28조제3항에 따른 수입부담금의 금액: 2017년 1월 1일

[전문개정 2015. 1. 6.]

부칙 〈제1238호, 1996. 7. 1.〉

제1조 (시행일) 이 규칙은 공포한 날부터 시행한다.

제2조 (다음 법령의 폐지) 인삼사업법시행규칙은 이를 폐지한다.

제3조 (경작지정신청기간에 관한 경과조치) 이 규칙 시행당시 경작지정을 받지 아니하고 경작중에 있는 5년근이상의 인삼경작자는 이 규칙 시행일부터 6월이내에 별지 제1호서식에 의한 인삼경작지정신청서에 경작지를 관할하는 인삼협동조합장의 경작사실확인서를 첨부하여 경작지를 관할하는 지소장에게 제출하여야 한다.

제4조 (인삼제조업등록 및 신고기간에 관한 경과조치) 이 규칙 시행당시 인삼류의 제조업을 하고 있는 자는 이 규칙 시행일부터 90일이내에 제11조 또는 제12조의 규정에 의하여 등록신청 또는 신고를 하여야 한다.

제5조 (인삼류의 지리적표기등록신청기간에 관한 경과조치) 이 규칙 시행 당시 인삼류의 지리적 표기를 실시하고 있는 자는 이 규칙 시행일부터 90일이내에 제29조의 규정에 의하여 등록신청을 하여야 한다.

제6조 (다른 법령의 개정) 농산물검사규격심의위원회규칙중 다음과 같이 개정한다.

제2조중 "50인이내"를 "60인이내"로 한다.

제5조제1항제6호를 다음과 같이 신설한다.

6. 제6분과위원회 : 인삼류

제7조 (다음 법령과의 관계) 이 규칙 시행당시 다른 법령에서 종전의 인삼사업법시행규칙을 인용하고 있는 경우에 이 규칙중 그에 해당하는 규정이 있는 경우에는 종전의 규정에 갈음하여 이 규칙 또는 이 규칙의 해당규정을 인용한 것으로 본다.

부칙 〈제1246호, 1996. 12. 28.〉 (농지법시행규칙등중개정령)

이 규칙은 공포한 날부터 시행한다.

부칙 〈제1337호, 1999. 8. 7.〉

이 규칙은 공포한 날부터 시행한다.

부칙 〈제1366호, 2000. 6. 23.〉 (농수산물유통및가격안정에관한법률시행규칙)

제1조(시행일) 이 규칙은 공포한 날부터 시행한다.

제2조 생략

제3조(다른 법령의 개정) ①및 ②생략

③인삼산업법시행규칙중 다음과 같이 개정한다.

제28조제4항중 “인삼산업진흥기금(이하 "기금"이라 한다)”을 “농수산물유통및가격안정에관한법률 제54조의 규정에 의한 농수산물가격안정기금(이하 "기금"이라 한다)”으로 한다.

제30조를 삭제한다.

부칙 〈제1392호, 2001. 7. 14.〉

①(시행일) 이 규칙은 공포한 날부터 시행한다.

②(등급표시에 관한 경과조치) 태극삼중 직삼, 곡삼, 반곡삼 및 기타 형태의 삼과 백삼중 본삼류 및 원형백삼에 대한 등급표시는 별표 4의 개정규정에 불구하고 2006년 6월 30일까지는 1등 · 2등 · 등외 또는 1등(송) · 2등(죽) · 등외(매)로 표시하여야 한다.

부칙 〈제1477호, 2004. 6. 30.〉

①(시행일) 이 규칙은 2004년 7월 1일부터 시행한다. 다만, 제18조의 개정규정은 2005년 1월 1일부터 시행한다.

②(검사장소 등에 관한 경과조치) 이 규칙 시행당시 종전의 규정에 의하여 검사신청을 하였거나 자체검사업체지정신청을 한 것에 대하여는 제21조, 별표 2, 별표 4 및 별표 5의 개정규정과 별지 제14호서식 및 별지 제15호서식의 처리기간에 관한 개정규정에 불구하고 종전의 규정에 의한다.

③(행정처분의 기준에 관한 경과조치) 이 규칙 시행전의 위반행위에 대한 행정처분의 기준에 관하여는 별표 3의2의 개정규정에 불구하고 종전의 규정에 의한다.

부칙 〈제1496호, 2005. 6. 11.〉

①(시행일) 이 규칙은 공포한 날부터 시행한다.

②(제조기준 등에 관한 적용례) 별표 2 및 별표 4의 개정규정은 이 규칙 시행 후 최초로 검사하는 것부터 적용한다.

부칙 〈제1522호, 2006. 4. 13.〉

이 규칙은 공포한 날부터 시행한다.

부칙 〈제1578호, 2008. 1. 14.〉

제1조 (시행일) 이 규칙은 2008년 1월 14일부터 시행한다.

제2조 (품질보증기간에 관한 적용례) 제18조의4제2호의 개정규정은

이 규칙 시행 후 최초로 검사하는 백삼부터 적용한다.
제3조 (검사수수료에 관한 적용례) 별표 4의2의 개정규정은 이 규칙 시행 후 최초로 검사를 신청하는 분부터 적용한다.
제4조 (자체검사업체 행정처분기준에 관한 경과조치) 이 규칙 시행 전의 위반행위에 대한 행정처분 기준에 관하여는 별표 4의 개정규정에도 불구하고 종전의 규정에 따른다.
제5조 (재검사명령기준에 관한 경과조치) 이 규칙 시행 전의 검사합격품의 확인검사에 대한 재검사명령기준에 관하여는 별표 5의 개정에도 불구하고 종전의 규정에 따른다.
제6조 (인삼류조사직원증 등에 관한 경과조치) 이 규칙 시행 전에 발급한 인삼류조사직원증 및 인삼류조사공무원증의 유효기간은 종전의 규정에 따른다.

부칙 〈제1호, 2008. 3. 3.〉 (농림수산식품부와 그 소속기관 직제 시행규칙)
제1조 (시행일) 이 규칙은 공포한 날부터 시행한다.
제2조 부터 제4조까지 생략
제5조 (다른 법령의 개정) ① 부터 〈51〉 까지 생략
〈52〉 인삼산업법 시행규칙 일부를 다음과 같이 개정한다.
제2조제4호, 제8조제3항제2호, 제9조 각 호 외의 부분 · 제6호, 제18조의3제2호, 제21조제2항, 제23조제4항 및 제28조제3항 · 4항 중 "농림부장관"을 각각 "농림수산식품부장관"으로 한다.
제2조 각 호 외의 부분, 제3조제2항 각 호 외의 부분, 제7조 각

호 외의 부분, 제28조제3항 중 "농림부령"을 각각 "농림수산식품부령"으로 한다.

별지 제13호서식 구비서류란 중 "농림부장관"을 "농림수산식품부장관"으로 한다.

〈53〉 부터 〈63〉 까지 생략

부칙 〈제37호, 2008. 11. 18.〉 (행정정보의 공동이용 및 문서감축 등을 위한 농산물의생산자를위한직접지불제도시행규칙 등 일부개정령)

이 규칙은 공포한 날부터 시행한다.

부칙 〈제123호, 2010. 5. 20.〉

제1조(시행일) 이 규칙은 공포한 날부터 시행한다.

제2조(경과조치) 이 규칙 시행 전의 위반행위에 대한 행정처분기준의 적용에 관하여는 종전의 규정에 따른다.

부칙 〈제200호, 2011. 8. 30.〉

이 규칙은 공포한 날부터 시행한다.

부칙 〈제253호, 2012. 1. 26.〉

제1조(시행일) 이 규칙은 2012년 1월 26일부터 시행한다.

제2조(흑삼 제조업자의 제조업신고에 관한 경과조치) 이 규칙 시행 당시 흑삼을 제조하고 있는 자는 이 규칙 시행일부터 6개월 이내에

법 제12조제1항에 따른 인삼류제조업 신고를 하여야 한다.

부칙 〈제326호, 2012. 12. 11.〉 (법령서식 개선을 위한 가축분뇨의 자원화 및 이용 촉진에 관한 규칙 등 일부개정령)

이 규칙은 공포한 날부터 시행한다.

부칙 〈제1호, 2013. 3. 23.〉 (농림축산식품부와 그 소속기관 직제 시행규칙)

제1조(시행일) 이 규칙은 공포한 날부터 시행한다.

제2조 부터 제7조까지 생략

제8조(다른 법령의 개정) ①부터 ㉚까지 생략

㉛ 인삼산업법 시행규칙 일부를 다음과 같이 개정한다.

제1조의2제1항 · 제2항, 제1조의3 각 호 외의 부분, 제1조의4, 제2조 각 호 외의 부분, 제3조제2항 각 호 외의 부분, 제7조 각 호 외의 부분 및 제28조제3항 중 "농림수산식품부령"을 각각 "농림축산식품부령"으로 한다.

제1조의3제2호, 제2조제4호, 제8조제3항제2호, 제9조 각 호 외의 부분, 같은 조 제6호, 제18조의3제1항제2호, 제21조제2항, 제23조제4항 및 제28조제3항 · 제4항 중 "농림수산식품부장관"을 각각 "농림축산식품부장관"으로 한다.

㉜부터 ㊴까지 생략

부칙 〈제71호, 2014. 1. 6.〉

제1조(시행일) 이 규칙은 공포한 날부터 시행한다. 다만, 제25조제2항의 개정규정은 2014년 7월 1일부터 시행한다.
제2조(검사 기준 등의 보고에 관한 경과조치) 이 규칙 시행 당시 종전의 제18조의3제1항 각 호 외의 부분 단서에 따라 기준을 달리 정하여 적용 중인 인삼류검사기관의 장 및 자체검사업체는 이 규칙 시행 후 3개월 이내에 그 기준을 국립농산물검사기관의 장에게 제출하여야 한다.
제3조(검사증지, 자체검사필증 및 검사일부인에 관한 경과조치) 이 규칙 시행 당시 종전의 제25조제2항에 따라 사용 중인 인삼류검사기관 및 자체검사업체의 검사증지, 자체검사필증 및 검사일부인은 2015년 6월 30일까지 제25조제2항의 개정규정에 따라 국립농산물검사기관의 장이 정하여 공고하는 기준에 따른 검사증지, 자체검사필증 및 검사일부인과 함께 사용할 수 있다.

부칙 〈제352호, 2014. 11. 12.〉

제1조(시행일) 이 규칙은 공포한 날부터 시행한다.
제2조(인삼의 경작신고 등에 관한 경과조치) ① 이 규칙 시행 당시 종전의 규정에 따라 2015년에 식재할 인삼의 경작신고를 한 자는 제3조제1항 전단의 개정규정에 따라 2015년 6월 1일까지 인삼의 경작신고를 한 것으로 본다.
② 이 규칙 시행 당시 종전의 별지 제2호서식에 따른 인삼경작신고필증을 발급받은 자는 인삼경작변경신고를 할 때에 제3조제3항 전단의 개정규정에도 불구하고 인삼경작확인서를 대신하여 인삼경작

신고필증을 첨부할 수 있다.

제3조(인삼경작 승계의 신고에 관한 경과조치) 이 규칙 시행 당시 종전의 별지 제2호서식에 따른 인삼경작신고필증을 발급받은 자는 인삼경작 승계의 신고를 할 때에 제4조제1항의 개정규정에도 불구하고 인삼경작확인서를 대신하여 인삼경작신고필증을 첨부할 수 있다.

제4조(인삼류 검사의 기준·방법에 관한 경과조치) 이 규칙 시행 당시 종전의 규정에 따라 검사를 신청한 인삼류에 대한 검사의 기준·방법에 대해서는 별표 3의2의 개정규정에도 불구하고 종전의 규정에 따른다.

제5조(검사수수료에 관한 경과조치) 이 규칙 시행 당시 종전의 규정에 따라 검사를 신청한 인삼류에 대한 검사수수료에 대해서는 별표 4의2의 개정규정에도 불구하고 종전의 규정에 따른다.

부칙 〈제129호, 2015. 1. 6.〉 (규제 재검토기한 설정 등을 위한 가축전염병 예방법 시행규칙 등 일부개정령)

제1조(시행일) 이 규칙은 공포한 날부터 시행한다.

제2조 생략

부칙 〈제180호, 2015. 12. 23.〉 (농업·농촌 및 식품산업 기본법 시행규칙)

제1조(시행일) 이 규칙은 2015년 12월 23일부터 시행한다.

제2조(다른 법령의 개정) ①부터 ⑥까지 생략

⑦ 인삼산업법 시행규칙 일부를 다음과 같이 개정한다.

제1조의4 중 “「농어업·농어촌 및 식품산업 기본법 시행령」 제4조에 따른 단체”를 “「농업·농촌 및 식품산업 기본법 시행령」 제4조에 따른 단체”로 한다.

제3조제4항 중 “「농어업·농어촌 및 식품산업 기본법」”을 “「농업·농촌 및 식품산업 기본법」”으로 한다.

⑧ 및 ⑨ 생략

부칙 〈제210호, 2016. 5. 16.〉

이 규칙은 공포한 날부터 시행한다.

부칙 〈제237호, 2017. 1. 2.〉 (일몰도래 규제 정비를 위한 가축 및 축산물 이력관리에 관한 법률 시행규칙 등 일부개정령)

제1조(시행일) 이 규칙은 공포한 날부터 시행한다.

제2조 생략

부칙 〈제245호, 2017. 2. 10.〉

제1조(시행일) 이 규칙은 공포한 날부터 시행한다.

제2조(행정처분기준에 관한 경과조치) 이 규칙 시행 전에 법 제12조제2항에 따른 시설기준에 미달한 위반행위에 대하여 행정처분을 하는 경우에는 별표 3의 개정규정에도 불구하고 종전의 규정에 따른다.

부칙 〈제277호, 2017. 7. 12.〉 (농업협동조합법 시행규칙)

제1조(시행일) 이 규칙은 공포한 날부터 시행한다.

제2조(다른 법령의 개정) ①부터 ⑥까지 생략

⑦ 인삼산업법 시행규칙 일부를 다음과 같이 개정한다.

제8조제3항 각 호 외의 부분 중 "다음 각호의 1에 해당하는 자중에서 농업협동조합중앙회의 장(이하 "중앙회장"이라 한다)이"를 "다음 각 호의 어느 하나에 해당하는 자 중에서 「농업협동조합법」에 따른 농협경제지주회사(이하 "농협경제지주회사"라 한다)의 대표이사가"로 하고, 같은 항 제1호 중 "농업협동조합중앙회(이하 "중앙회"라 한다)"를 "「농업협동조합법」에 따른 농업협동조합중앙회(이하 "중앙회"라 한다), 농협경제지주회사"로 하며, 같은 조 제5항 중 "중앙회장은"을 "농협경제지주회사의 대표이사는"으로 한다.

⑧ 및 ⑨ 생략

부칙 〈제391호, 2019. 8. 26.〉 (어려운 법령용어 정비를 위한 37개 법령의 일부개정에 관한 농림축산식품부령)

이 규칙은 공포한 날부터 시행한다.

부칙 〈제453호, 2020. 11. 24.〉 (행정규제기본법에 따른 일몰규제 정비를 위한 6개 법령의 일부개정에 관한 농림축산식품부령)

이 규칙은 공포한 날부터 시행한다.

부칙 〈제495호, 2021. 10. 8.〉 (어려운 법령용어 정비를 위한 가축전염병 예방법 시행규칙 등 19개 농림축산식품부령 일부개

정령)
이 규칙은 공포한 날부터 시행한다.

부칙 〈제569호, 2023. 3. 16.〉
제1조(시행일) 이 규칙은 공포한 날부터 시행한다.
제2조(인삼류의 제조기준에 관한 적용례) 별표 2의 개정규정은 이 규칙 시행 이후 제조되는 인삼류부터 적용한다.
제3조(검사합격품의 확인검사에 관한 경과조치) 이 규칙 시행 전에 제23조제1항에 따라 확인검사를 위해 수거한 제품에 대해서는 제23조제2항의 개정규정에도 불구하고 종전의 규정에 따른다.
제4조(인삼류의 검사기준에 관한 경과조치) 이 규칙 시행 전에 제18조제1항에 따라 검사를 신청한 인삼류의 검사기준에 대해서는 별표 3의2 제2호가목12)의 개정규정에도 불구하고 종전의 규정에 따른다.

부칙 〈제603호, 2023. 8. 7.〉 (규제 재검토기한 설정 등을 위한 10개 법령의 일부개정에 관한 농림축산식품부령)
이 규칙은 공포한 날부터 시행한다.

부칙 〈제620호, 2023. 12. 20.〉
이 규칙은 2023년 12월 21일부터 시행한다.

별표 / 서식
[별표 1] 홍삼, 태극삼 또는 흑삼제조업의 시설기준(제11조관련)

[별표 2] 인삼류의 제조기준(제15조관련)

[별표 3] 영업의 폐쇄명령·정지처분의 세부기준(제17조 관련)

[별표 3의2] 검사의 기준·방법(제18조의3 관련)

[별표 4] 자체검사업체 행정처분기준(제21조제5항 관련)

[별표 4의2] 검사수수료(제22조 관련)

[별표 5] 재검사명령기준(제23조제2항 관련)

[별표 6] 삭제 〈1999.8.7〉

[별표 7] 삭제 〈1999.8.7〉

[별지 제1호서식] 인삼경작신고서

[별지 제1호의2서식] 인삼 식재면적 현황

[별지 제2호서식] 인삼경작확인서

[별지 제3호서식] 인삼경작변경신고서

[별지 제4호서식] 인삼경작(변경, 승계)신고확인증

[별지 제5호서식] 인삼경작승계신고서

[별지 제6호서식] 수삼연근확인신청서

[별지 제7호서식] 수삼연근확인서

[별지 제8호서식] 인삼류제조업등신고서

[별지 제9호서식] 인삼류제조업 신고확인증

[별지 제9호의2서식] 인삼제품류영업신고통보서

[별지 제10호서식] 인삼류제조업(변경, 휴업, 재개업)신고서

[별지 제11호서식] 인삼류제조업 휴업 · 재개업 신고확인증

[별지 제12호서식] 인삼류제조업등승계신고서

[별지 제12호의2서식] 인삼제품류제조승계신고통보서

[별지 제13호서식] 인삼류검사(국내용 · 수출용 · 수입용)신청서

[별지 제13호의2서식] 검사관리대장

[별지 제13호의3서식] 검사확인증 출납대장

[별지 제13호의4서식] 원산지검사대장

[별지 제13호의5서식] 농약잔류검사대장

[별지 제13호의6서식] 미생물검사대장

[별지 제14호서식] 인삼(종자, 종묘)검사신청서

[별지 제15호서식] 인삼류 자체검사업체지정신청서

[별지 제15호의2서식] 인삼류 자체검사업체 지정서

[별지 제15호의3서식] 자체검사업체 변경 신고서

[별지 제15호의4서식] 압류증

[별지 제16호서식] (인공증식)인삼류검사증명서

[별지 제17호서식] 자체검사업체검사성적서

[별지 제18호서식] [별지 제15호의2서식]으로 이동 〈2008.1.14〉

[별지 제19호서식] 인삼류조사직원증

[별지 제20호서식] 인삼류조사공무원증

[별지 제21호서식] 삭제 〈2004.6.30〉

[별지 제22호서식] 삭제 〈1999.8.7〉

[별지 제23호서식] 삭제 〈1999.8.7.〉

대한민국 법령 시리즈 362

인삼산업법

법령 / 시행령 / 시행규칙

2024년 10월 29일 인쇄 정가 12,000원
2024년 11월 9일 발행

편 저 편집부
디 자 인 송영미
발 행 인 조준형
발 행 처 해광출판사
주 소 부산광역시 중구 해관로 41-1 (중앙동2가)
전화번호 (051) 253-0001 팩스 (051) 245-1187
등 록 제 2012-000005호
http://www.hgbookpub.com
E-mail : munbookcokr@naver.com

해광출판사에서는 여러분의 소중한 원고와 함께 할 기회를 기다리고 있습니다. 책으로 엮을 원고나 아이디어가 있으신 분들은 이메일 munbookcokr@naver.com로 책에 대한 간단한 개요와 원고 전체 또는 일부를 연락처와 함께 보내주십시오.

ISBN 979-11-6881-740-1

※ 법령 출처 : 법제처 국가법령정보센터
※ 본 도서는 〈공공데이터 제공 및 이용 활성화에 관한 법률〉을 근거로 출판되었습니다.

해광출판사 법령 시리즈

001. 선원법
002. 어선법
003. 선박직원법
004. 해사안전기본법
005. 해양환경관리법
006. 선박의 입항 및 출항등에 관한 법률
007. 학교안전사고예방 및 보상에 관한 법률
008. 종합부동산세법
009. 방위사업법
010. 행정규제기본법
011. 식품산업진흥법
012. 위험물안전관리법
013. 화재의 예방 및 안전관리에 관한 법률
014. 도시가스사업법
015. 실내공기질관리법
016. 지방세법
017. 소득세법
018. 법인세법
019. 도선법
020. 선박안전법
021. 선박법
022. 수산업법
023. 고압가스안전관리법
024. 국민연금법
025. 공동주택관리법
026. 화학물질관리법
027. 어선원 및 어선 재해보상보험법
028. 장기등 이식에 관한 법률
029. 자연재해대책법
030. 공유재산 및 물품 관리법
031. 산업입지 및 개발에 관한 법률
032. 부정경쟁방지 및 영업비밀보호에 관한 법률
033. 금융지주회사법
034. 온실가스 배출권의 할당 및 거래에 관한 법률
035. 건축사법
036. 산림문화휴양에 관한 법률
037. 전기사업법
038. 사립학교법
039. 고등교육법
040. 액화석유가스의 안전관리 및 사업법
041. 선박투자회사법
042. 수산자원관리법
043. 위험물선박운송및저장규칙
044. 선박평형수관리법
045. 주택임대차보호법
046. 상가건물임대차보호법
047. 지방공기업법
048. 승강기안전관리법
049. 수목원·정원의 조성 및 진흥에 관한 법률
050. 민법
051. 치료감호 등에 관한 법률
052. 대부업 등의 등록 및 금융이용자 보호에 관한 법률
053. 사료관리법
054. 무형문화재 보전 및 진흥에 관한 법률
055. 총포·도검·화약류 등의 안전관리에 관한 법률
056. 경찰관직무집행법
057. 시설물의 안전 및 유지관리에 관한 특별법
058. 수산생물질병 관리법
059. 소비자기본법
060. 국제선박등록법
061. 정보통신망 이용촉진 및 정보보호 등에 관한 법률
062. 해운법
063. 농수산물 품질관리법
064. 수산업협동조합법
065. 해외건설촉진법
066. 수상레저안전법
067. 공무원재해보상법
068. 수상에서의 수색·구조 등에 관한 법률
069. 어촌어항법
070. 항만법
071. 항만운송사업법
072. 해양경비법
073. 해양사고의 조사 및 심판에 관한 법률
074. 외국인근로자의 고용 등에 관한 법률
075. 중소기업기본법
076. 자유무역지역의 지정 및 운영에 관한 법률
077. 대기환경보전법
078. 소음진동관리법
079. 폐기물관리법
080. 하수도법
081. 물환경보전법
082. 토양환경보전법
083. 환경정책기본법
084. 산업재해보상보험법
085. 관세법
086. 노동조합 및 노동관계조정법
087. 근로기준법
088. 군인연금법
089. 먹는물관리법
090. 기술보증기금법
091. 관광진흥법
092. 감염병의 예방 및 관리에 관한 법률
093. 사법경찰관리의 직무를 수행할 자와 그 직무범위에 관한 법률
094. 수의사법
095. 가정폭력방지 및 피해자보호 등에 관한 법률
096. 환경영향평가법
097. 체육시설의 설치 · 이용에 관한 법률
098. 장사 등에 관한 법률
099. 상호저축은행법
100. 은행법
101. 보호관찰 등에 관한 법률
102. 형법
103. 자동차관리법
104. 형사소송법
105. 전자금융거래법
106. 마약류 불법거래 방지에 관한 특례법
107. 도로법
108. 주세법
109. 변리사법
110. 하천법
111. 중소기업진흥에 관한 법률
112. 발달장애인 권리보장 및 지원에 관한 법률
113. 주택법
114. 장애인복지법
115. 농어업경영체 육성 및 지원에 관한 법률
116. 공인중개사법
117. 건강기능식품에 관한 법률
118. 예비군법
119. 개발제한구역의 지정 및 관리에 관한 특별조치법
120. 국유재산법
121. 주차장법
122. 환경기술 및 환경산업 지원법
123. 대기관리권역의 대기환경개선에 관한 특별법
124. 악취방지법
125. 미세먼지 저감 및 관리에 관한 특별법
126. 가축분뇨의 관리 및 이용에 관한 법률
127. 물의 재이용 촉진 및 지원에 관한 법률
128. 물관리기본법
129. 물관리기술 발전 및 물산업 진흥에 관한 법률
130. 자원의 절약과 재활용촉진에 관한 법률
131. 전기 · 전자제품 및 자동차의 자원순환에 관한 법률
132. 건설폐기물의 재활용촉진에 관한 법률
133. 수도권매립지관리공사의 설립 및 운영 등에 관한 법률
134. 폐기물의 국가 간 이동 및 그 처리에 관한 법률
135. 폐기물처리시설 설치촉진 및 주변지역지원 등에 관한 법률
136. 자원순환기본법
137. 잔류성오염물질 관리법
138. 환경분쟁 조정법

해광출판사 **법령 시리즈**

139. 화학물질의 등록 및 평가 등에 관한 법률
140. 환경오염시설의 통합관리에 관한 법률
141. 환경오염피해 배상책임 및 구제에 관한 법률
142. 중소기업제품 구매촉진 및 판로지원에 관한 법률
143. 환경개선비용 부담법
144. 환경분야 시험·검사 등에 관한 법률
145. 환경친화적 산업구조로의 전환촉진에 관한 법률
146. 환경친화적 자동차의 개발 및 보급 촉진에 관한 법률
147. 환경범죄 등의 단속 및 가중처벌에 관한 법률
148. 생명윤리 및 안전에 관한 법률
149. 장애인차별금지 및 권리구제 등에 관한 법률
150. 부동산투자회사법
151. 정치자금법
152. 과학기술기본법
153. 대리점거래의 공정화에 관한 법률
154. 상속세 및 증여세법
155. 학원의 설립·운영 및 과외교습에 관한 법률
156. 해양심층수의 개발 및 관리에 관한 법률
157. 전기용품 및 생활용품 안전관리법
158. 사회기반시설에 대한 민간투자법
159. 공직선거법
160. 정당법
161. 유류오염손해배상 보장법
162. 부정청탁 및 금품등 수수의 금지에 관한 법률
163. 항로표지법
164. 어장관리법
165. 민방위기본법
166. 공직자윤리법
167. 선거관리위원회법
168. 유선 및 도선 사업법
169. 전기공사업법
170. 사회복지사업법
171. 택지개발촉진법
172. 국가공무원법
173. 민간임대주택에 관한 특별법
174. 어음법·수표법
175. 민사집행법
176. 상법
177. 문화예술진흥법
178. 중소기업협동조합법
179. 농업협동조합법
180. 도로교통법
181. 의료사고 피해구제 및 의료분쟁 조정 등에 관한 법률
182. 산림보호법
183. 소년법
184. 동물보호법
185. 건축물관리법
186. 도시개발법
187. 화물자동차 운수사업법
188. 도시 및 주거환경정비법
189. 의료법
190. 국회법
191. 응급의료에 관한 법률
192. 출입국관리법
193. 노인복지법
194. 산림자원의 조성 및 관리에 관한 법률
195. 청소년 보호법
196. 초·중등교육법
197. 혁신도시 조성 및 발전에 관한 특별법
198. 경제자유구역의 지정 및 운영에 관한 특별법
199. 공공기관의 운영에 관한 법률
200. 대한민국헌법
201. 국민기초생활 보장법
202. 저작권법
203. 가사소송법
204. 국가유공자 등 예우 및 지원에 관한 법률
205. 국민체육진흥법
206. 전통주 등의 산업진흥에 관한 법률
207. 재난 및 안전관리 기본법
208. 정보통신공사업법
209. 주식회사 등의 외부감사에 관한 법률
210. 공익사업을 위한 토지 등의 취득 및 보상에 관한 법률
211. 개인정보 보호법
212. 국세기본법
213. 에너지이용 합리화법
214. 감정평가 및 감정평가사에 관한 법률
215. 국가인권위원회법
216. 가맹사업거래의 공정화에 관한 법률
217. 보건의료기본법
218. 산업안전보건법
219. 법무사법
220. 교육공무원법
221. 특허법
222. 민사소송법
223. 아동복지법
224. 전파법
225. 하도급거래 공정화에 관한 법률
226. 기초연금법
227. 사립학교교직원 연금법
228. 직업안정법
229. 장애아동 복지지원법
230. 부동산등기법
231. 자동차손해배상 보장법
232. 철도안전법
233. 항공안전법
234. 전자상거래 등에서의 소비자보호에 관한 법률
235. 독점규제 및 공정거래에 관한 법률
236. 상표법
237. 채무자 회생 및 파산에 관한 법률
238. 공무원연금법
239. 축산법
240. 근로복지기본법
241. 민원 처리에 관한 법률
242. 약사법
243. 방문판매 등에 관한 법률
244. 건축기본법
245. 지방세기본법
246. 지방세징수법
247. 지방자치법
248. 도시교통정비 촉진법
249. 공공주택 특별법
250. 국세징수법
251. 공인노무사법
252. 중대재해 처벌 등에 관한 법률
253. 외무공무원법
254. 소방시설공사업법
255. 검역법
256. 공중위생관리법
257. 할부거래에 관한 법률
258. 인터넷 멀티미디어 방송사업법
259. 전기통신사업법
260. 제품안전기본법
261. 철도사업법
262. 어린이제품 안전 특별법
263. 영유아보육법
264. 원자력안전법
265. 보험업법
266. 경비업법
267. 교통안전법
268. 세무사법
269. 관세사법
270. 공인회계사법
271. 지방공무원법
272. 고용정책 기본법
273. 국가경찰과 자치경찰의 조직 및 운영에 관한 법률
274. 협동조합 기본법
275. 재해구호법
276. 환경보건법

해광출판사 **법령 시리즈**

277. 자살예방 및 생명존중문화 조성을 위한 법률
278. 소방산업의 진흥에 관한 법률
279. 소방기본법
280. 비송사건절차법
281. 자연환경보전법
282. 변호사법
283. 기업구조조정투자회사법
284. 전기통신기본법
285. 에너지법
286. 해양생태계의 보전 및 관리에 관한 법률
287. 사회보장기본법
288. 통신비밀보호법
289. 공증인법
290. 물류시설의 개발 및 운영에 관한 법률
291. 청소년활동 진흥법
292. 형의 집행 및 수용자의 처우에 관한 법률
293. 도시공원 및 녹지 등에 관한 법률
294. 태권도 진흥 및 태권도공원 조성 등에 관한 법률
295. 녹색건축물 조성 지원법
296. 우편법
297. 예금자보호법
298. 건설산업기본법
299. 금융회사의 지배구조에 관한 법률
300. 장애인활동 지원에 관한 법률
301. 언론중재 및 피해구제 등에 관한 법률
302. 국가재정법
303. 농지법
304. 게임산업진흥에 관한 법률
305. 정신건강증진 및 정신질환자 복지서비스 지원에 관한 법률
306. 디자인보호법
307. 의료기사 등에 관한 법률
308. 스마트도시 조성 및 산업진흥 등에 관한 법률
309. 내수면어업법
310. 한국주택금융공사법
311. 의료기기법
312. 유통산업발전법
313. 전통시장 및 상점가 육성을 위한 특별법
314. 여신전문금융업법
315. 해외자원개발 사업법
316. 산업교육진흥 및 산학연협력촉진에 관한 법률
317. 빈집 및 소규모주택 정비에 관한 특례법
318. 기업도시개발 특별법
319. 전력기술관리법
320. 국토기본법
321. 지하수법
322. 식품위생법
323. 광업법
324. 호스피스·완화의료 및 임종과정에 있는 환자의 연명의료결정에 관한 법률
325. 주식·사채 등의 전자등록에 관한 법률
326. 표시·광고의 공정화에 관한 법률
327. 골재채취법
328. 국민건강증진법
329. 새마을금고법
330. 여객자동차 운수사업법
331. 마리나항만의 조성 및 관리 등에 관한 법률
332. 한부모가족지원법
333. 국가를 당사자로 하는 계약에 관한 법률
334. 지방자치단체를 당사자로 하는 계약에 관한 법률
335. 축산물 위생관리법
336. 병역법
337. 음악산업진흥에 관한 법률
338. 국가균형발전 특별법
339. 첨단재생의료 및 첨단바이오의약품 안전 및 지원에 관한 법률
340. 공간정보의 구축 및 관리 등에 관한 법률
341. 공유수면 관리 및 매립에 관한 법률
342. 농수산물 유통 및 가격안정에 관한 법률
343. 아시아문화중심도시 조성에 관한 특별법
344. 신탁법
345. 자연공원법
346. 생활화학제품 및 살생물제의 안전관리에 관한 법률
347. 군인사법
348. 국제조세조정에 관한 법률
349. 낙동강수계 물관리 및 주민지원 등에 관한 법률
350. 주민등록법
351. 집합건물의 소유 및 관리에 관한 법률
352. 집단에너지사업법
353. 산림조합법
354. 반도체집적회로의 배치설계에 관한 법률
355. 자본시장과 금융투자업에 관한 법률
356. 담보부사채신탁법
357. 근로자퇴직급여 보장법
358. 국제과학비즈니스벨트 조성 및 지원에 관한 특별법
359. 수도법
360. 식품 등의 표시·광고에 관한 법률
361. 약관의 규제에 관한 법률
362. 인삼산업법
363. 종자산업법
364. 항공사업법
365. 건설기계관리법
366. 군형법
367. 궤도운송법
368. 기술의 이전 및 사업화 촉진에 관한 법률
369. 농수산물의 원산지 표시 등에 관한 법률
370. 담배사업법
371. 석유 및 석유대체연료 사업법
372. 가축전염병 예방법
373. 농어촌정비법
374. 식물신품종 보호법
375. 항공보안법
376. 중소기업창업 지원법
377. 군사법원법
378. 우주개발 진흥법
379. 해저광물자원 개발법
380. 산림복지 진흥에 관한 법률
381. 지능형 로봇 개발 및 보급 촉진법
382. 헌법재판소법
383. 옥외광고물 등의 관리와 옥외광고산업 진흥에 관한 법률
384. 혈액관리법
385. 국제항해선박 등에 대한 해적행위 피해예방에 관한 법률
386. 유료도로법
387. 독립유공자예우에 관한 법률
388. 신에너지 및 재생에너지 개발·이용·보급 촉진법
389. 신용정보의 이용 및 보호에 관한 법률
390. 출판문화산업 진흥법
391. 공항시설법
392. 국민 평생 직업능력 개발법
393. 아동·청소년의 성보호에 관한 법률
394. 방송법쉬
395. 신용보증기금법
396. 화장품법
397. 청소년 기본법
398. 인터넷주소자원에 관한 법률
399. 양곡관리법
400. 도로명주소법
401. 전자문서 및 전자거래 기본법
402. 산업기술의 유출방지 및 보호에 관한 법률
403. 국가기술자격법
404. 양식산업발전법
405. 산업기술혁신 촉진법
406. 새만금사업 추진 및 지원에 관한 특별법
407. 전자정부법
408. 지역 개발 및 지원에 관한 법률
409. 한국농어촌공사 및 농지관리기금법
410. 계량에 관한 법률
411. 기업활동 규제완화에 관한 특별조치법
412. 군에서의 형의 집행 및 군수용자의 처우에 관한 법률

해광출판사 법령 시리즈

413. 규제자유특구 및 지역특화발전특구에 관한 규제특례법
414. 금융위원회의 설치 등에 관한 법률
415. 남녀고용평등과 일·가정 양립 지원에 관한 법률
416. 농어업인 삶의 질 향상 및 농어촌지역 개발촉진에 관한 특별법
417. 댐건설·관리 및 주변지역지원 등에 관한 법률
418. 국가유산수리 등에 관한 법률
419. 법원조직법
420. 보훈보상대상자 지원에 관한 법률
421. 부패방지 및 국민권익위원회의 설치와 운영에 관한 법률
422. 과학기술분야 정부출연연구기관 등의 설립·운영 및 육성에 관한 법률
423. 연구개발특구의 육성에 관한 특별법
424. 친환경농어업 육성 및 유기식품 등의 관리·지원에 관한 법률
425. 연안관리법
426. 영화 및 비디오물의 진흥에 관한 법률
427. 신용협동조합법
428. 방송통신발전 기본법
429. 범죄피해자 보호법
430. 가축 및 축산물 이력관리에 관한 법률
431. 국가표준기본법
432. 국가통합교통체계효율화법
433. 범죄인 인도법
434. 국가과학기술 경쟁력 강화를 위한 이공계지원 특별법
435. 국제경기대회 지원법
436. 금융혁신지원 특별법
437. 수자원의 조사·계획 및 관리에 관한 법률
438. 축산자조금의 조성 및 운용에 관한 법률
439. 소방시설 설치 및 관리에 관한 법률
440. 양성평등기본법
441. 축산계열화사업에 관한 법률
442. 수입식품안전관리 특별법
443. 대외무역법
444. 국가연구개발사업 등의 성과평가 및 성과관리에 관한 법률
445. 무역보험법
446. 기술사법
447. 광산안전법
448. 농약관리법
449. 농업·농촌 및 식품산업 기본법
450. 문화산업진흥 기본법
451. 부담금관리 기본법
452. 야생생물 보호 및 관리에 관한 법률
453. 한국은행법
454. 별정우체국법
455. 원양산업발전법
456. 콘텐츠산업 진흥법
457. 한국수출입은행법
458. 외국인투자 촉진법
459. 물류정책기본법
460. 전자서명법
461. 산업발전법
462. 산업표준화법
463. 소프트웨어 진흥법
464. 토지이용규제 기본법
465. 해수욕장의 이용 및 관리에 관한 법률
466. 정보통신 진흥 및 융합 활성화 등에 관한 특별법
467. 정보통신산업 진흥법
468. 지진·화산재해대책법
469. 소금산업진흥법
470. 위치정보의 보호 및 이용 등에 관한 법률
471. 외국법자문사법
472. 이러닝(전자학습)산업 발전 및 이러닝 활용 촉진에 관한 법률
473. 암관리법
474. 실용신안법
475. 가족관계의 등록 등에 관한 법률
476. 무인도서의 보전 및 관리에 관한 법률
477. 감사원법
478. 정보보호산업의 진흥에 관한 법률
479. 결혼중개업의 관리에 관한 법률
480. 공익신고자 보호법
481. 박물관 및 미술관 진흥법
482. 낚시 관리 및 육성법
483. 동산·채권 등의 담보에 관한 법률
484. 임금채권보장법
485. 국민투표법
486. 농림수산업자 신용보증법
487. 국가채권 관리법
488. 중소기업은행법
489. 식품안전기본법
490. 외국환거래법
491. 발명진흥법
492. 건설기술 진흥법
493. 기후위기 대응을 위한 탄소중립·녹색성장 기본법
494. 인체조직안전 및 관리 등에 관한 법률
495. 엔지니어링산업 진흥법
496. 신문 등의 진흥에 관한 법률
497. 식물방역법
498. 석탄산업법
499. 산업융합 촉진법
500. 비료관리법
501. 임업 및 산촌 진흥촉진에 관한 법률
502. 복권 및 복권기금법
503. 대규모유통업에서의 거래 공정화에 관한 법률
504. 뉴스통신 진흥에 관한 법률
505. 지능정보화 기본법
506. 자격기본법
507. 중소기업 기술혁신 촉진법
508. 국가공간정보 기본법
509. 농어업재해대책법
510. 방송광고판매대행 등에 관한 법률
511. 지식재산 기본법
512. 초고층 및 지하연계 복합건축물 재난관리에 관한 특별법
513. 해양 조사와 해양정보 활용에 관한 법률
514. 공간정보산업 진흥법
515. 공공기관의 정보공개에 관한 법률
516. 행정기본법
517. 해상교통안전법
518. 농어업재해보험법
519. 문화유산의 보존 및 활용에 관한 법률
520. 자연유산의 보존 및 활용에 관한 법률
521. 국토의 계획 및 이용에 관한 법률

*** 해광출판사의 법령 시리즈는 계속 발행 됩니다.**